日経新聞を「読む技術」「活用する技術」

山本博幸

Discover

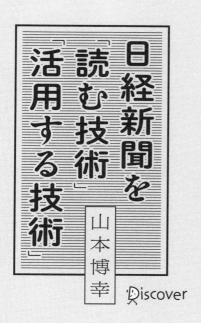

はじめに

私は2016年、『社会人1年目からのとりあえず日経新聞が読める本』を出版しました。

日本のGDPや貿易収支、国債発行残高、日経平均など、「ビジネスマンが最低限知っておくべき数字」について解説したものですが、おかげさまで、図解版を合わせてシリーズ累計15万部のヒットとなりました。

それはとてもうれしいことなのですが、読者の方から、日経新聞に載っている経済数字、景気指標の意味はわかるようになったのに、

・毎日、日経新聞を読むのが大変
・そもそも、日経新聞のどこを読めばいい

かよくわからない
・毎日読むのが続かず、途中で挫折してしまう

といった声も、多く聞こえてくるようになりました。

最初から、全部の記事を読もうとするのは間違い！

「日経新聞を毎日読まなきゃ、と思うのに挫折してしまう……」という人の話をよく聞いてみると、１面から一字一句、すべての記事を読もうとしていることが少なくないようです。

最初に言います。

慣れないうちから、全部読む必要はありません。

むしろ慣れるまでは、強制的に半分捨ててでも、読む量を減らすべきです。

つまり、日経新聞（ほかの新聞、雑誌も同じですが）を読むにはコツがいるのです。
なのに、あの梅棹忠夫先生が大ベストセラー『知的生産の技術』（岩波新書）で書かれているように、「学校では知識は教えるけれど、知識の獲得のしかたはあまり教えてくれない」ため、そのコツを知らないという人があまりに多いのではないか。
だとしたら、まさに「宝の持ち腐れ」で、非常にもったいないことです。

そこで私は、続編といった形で、

日経新聞のどこを読んでいいかわからないという人が、読むべき場所がわかり、必要な情報を効率的にインプットし、その成果をアウトプットまでできるようになる。

その結果、世の中の動きをつかみ、経済の先行きを見通せるようになる

ことを目標として、本書を執筆することにしました。

インプット、アウトプットにも技術が必要

私は現在、帝京大学の学生に経済学などを教えていますが、その前は野村證券に38年間勤務し、ソウルやパリなど海外の支店長も歴任してきました。

野村證券では、早く一人前の証券マンになるために、それこそ日経新聞の読み方、情報の取り方などの基本から、現在起こっていることを把握する力、経済の先行きを予測する力を徹底的に叩き込まれたものです。

本書では、私が38年間実践していた日経新聞の読み方、情報の活用の仕方を惜しみなく披露していきたいと思います。

本書で読んだことを実践していただくと（これが一番大事！）、視力が回復するかのように、世界がよく見えてきます。

正直、面倒な内容も一部あるかもしれません。しかし、同僚と差をつけるには、面倒だと感じても**「どれだけ継続して実践するか」**が何より大事だと思っています。


そして、この本を読んで知ったことを誰かに語ってみたくなります。そこまでくれば、しめたものです。

実は、**アウトプットしてこそ最高の学び**なのですが、その前にインプットがなければ何も語れません。ですので、**まず情報をインプットしましょう。**

インプットがあると、それをアウトプットして語りたくなるのです。この本には、語りたくなるような仕掛けがたくさんしてあります（欄外にある用語解説も、その点を意識しています）。

また、単にインプット、アウトプットの技術だけをお伝えするのではなく、本書を読むだけでも経済の重要なトピックスを押さえることができるよう、工夫をこらしました。

あとでも触れますが、日本人1億2600万人のうち、日経新聞を読んでいる人は、わずかに3%弱。極めて稀な層なのです。

とはいえ、入口に番人はいません。意欲があれば、誰でも入場できます。

ましてや、あなたの同僚は日経新聞を読むどころか、ニュースをネットでさっと見てすます人が過半かもしれません。

自分は別の道を歩むのだという強い意志で、上位3%に入っていきましょう。

日経新聞を読むのは、野球のボールを150キロで投げるよりも、100mを11秒で走るよりも、またあなたの出た高校が甲子園に出場するよりも簡単です。

百円玉2個と少しの努力と、コツをつかめば十分可能なのですから。

どうか、その域に達するまで、しばらくのお付き合いを。努力は必ず報われます。

日経新聞を「読む技術」「活用する技術」もくじ

第2章 初級編

ひとまず、必要な情報だけ「インプット」する技術

第3章 中級編

さらに効率よく記事が読めるようになるコツ

第4章 上級編

情報をより生きた知識にするために「アウトプット」する技術

第1章 基本編

「記事読み」が続くようになるトレーニング

最初の最初のコツ

1

新聞を半分の半分に切り取る

ここからは、「日経新聞を読む」ことを習慣にするためのトレーニングをご紹介していきましょう。

すでに毎日読めているという方は、36ページまで読み飛ばしてください！

まず最初に、日経新聞を読むのはどうしてもハードルが高いと感じてしまう方に、とっておきの方法をお教えします。

それは、**新聞を半分の半分に切り取って、残りを捨てる**というものです。強制的に、読むべき文字量を減らすというアプローチです。

日経新聞を含めて、全国紙の朝刊は、1部あたり20万文字もあるそうです。

全国紙
読売、朝日、毎日、産経、日経の5紙を全国紙と呼びます。世界の重要都市に特派員を派遣しているのも特徴です。しかし近年、部数が激減しているので特派員をかつてのように配置できないようです。産経新聞は夕刊を廃止しました。日経新聞以外は、新聞受難時代といえるでしょう。

新書に置き換えると、実に2冊分。みなさんは、岩波新書を毎日2冊読むことを想像できますか？

基本的に無理だと思います。

では、どうしたら読むことができるでしょうか？

それは、**そもそも読む量を減らす**か、読む時間を増やすか。

特に前者が効果的です。文字の量が多くて読めないのであれば、思い切ってその量を減らせばいいのです。

まず、朝刊を手に取ります。ただちに、最後のページの「私の履歴書」と「交遊抄」をちらっと見て、「今後落ち着いたらじっくり読むぞ」と言いながら一瞥したあと、1面から20面あたりにある「マーケット商品」のページまでを残して、それ以降の分は切り取って、きれいさっぱりごみ箱に捨てるのです。

すると、不思議な罪悪感と新鮮な感覚が襲ってきます。新聞1部は180円なので、およそ90円の価値があるものを、思い切って捨てるのですから。

180円
日経新聞は1部180円です。値段は全国一律ですが、場所によっては夕刊が発行されなかったり、カラー部分が白黒であったりしました。また、1970年代までは、日経新聞の朝刊が夕方届く県もありました。ちなみに新聞は、2019年10月から実施される軽減税率制度の対象品目になっています。特別待遇ですね。

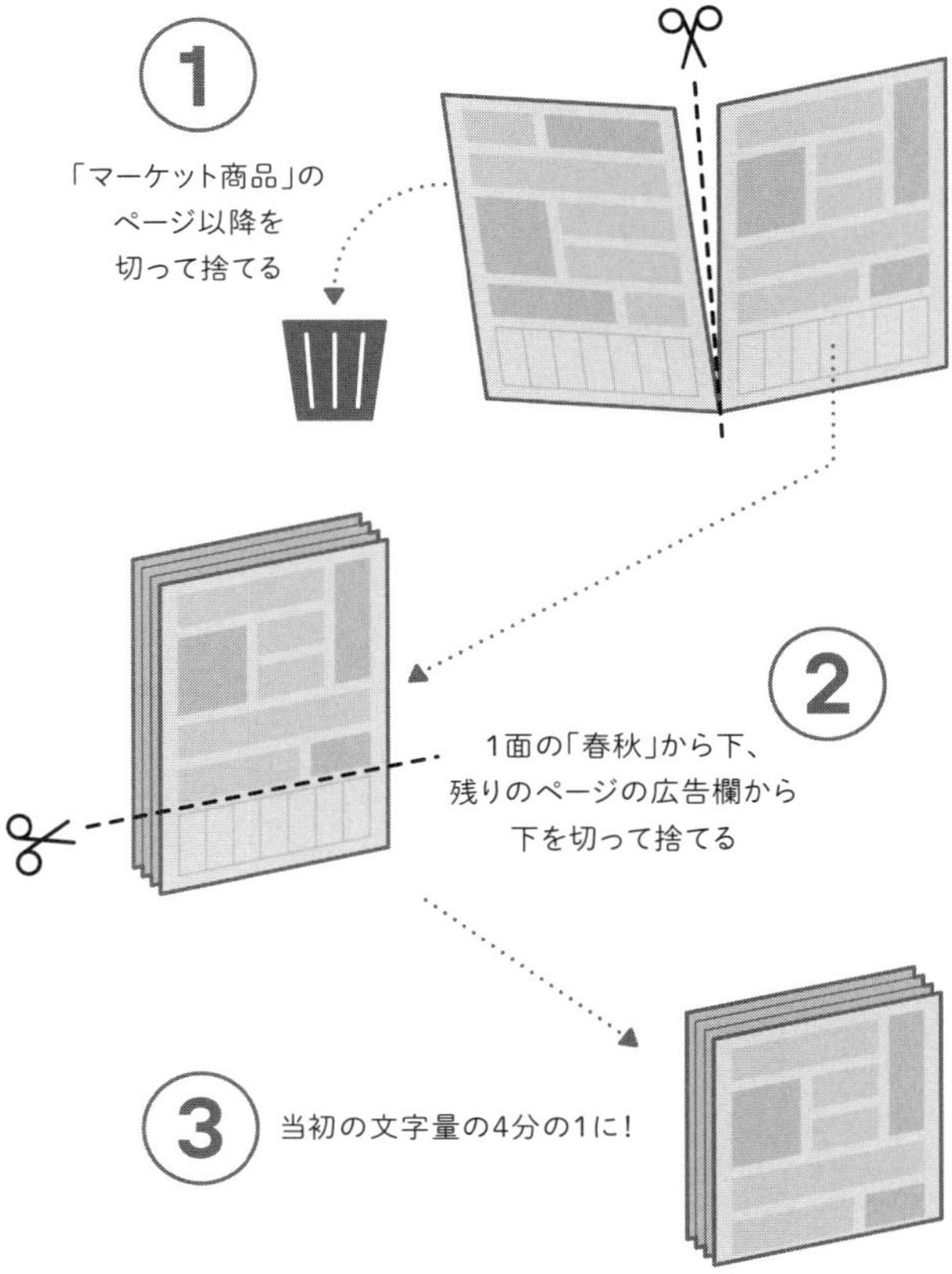

新聞を半分の半分に切り取る

逆に、**強制的に捨てることによって、残りの部分を慈しんでしっかり読もうという気になります。**これは間違いありません。

10％にまで、文字量を減らす

しかし、まだまだです。1面は、有名コラム「春秋」から下を切り取ります。残りのページは、紙面の下半分を占める広告欄を中心に躊躇なく切り取ります。すると、当初の半分の半分となり、およそ25％の量になってしまいます。新書の半分ぐらいですね。

ここで残った部分の奇数ページだけを読めばＯＫです。

実は新聞は、スクラップブックに貼りつけられる運命を感じてなのか（?）、重要記事は奇数ページに集中しているのです。

これで、当初の量の10％程度になりました。あとは、**この分を真剣に最後ま**

「春秋」
春秋とは、日経新聞の1面にある名物コラムの名前です。全国紙にはそれぞれ1面にコラムがあります。朝日新聞の全盛期のコラム「天声人語」は、入試問題になるなど影響力がありました。その後、読売のコラム「編集手帳」が他に類を見ない名文で一躍有名になりました。日経新聞の「春秋」は、特に大きな特徴はありませんが、新聞記事にはできない意見をちりばめているので、ぜひ読むべきでしょう。

で読んでいきます。

かける時間は30分でＯＫ。それでも、必要な情報はひととおり収集できます。

この10％を読み込むのにも数日かかるという人もいるかもしれません。でも、焦る必要はありません。みなさんの仲間の多くは、ネットに出てくる加工されたニュースをちらりと読んでいるだけなのですから。

この切り取り作戦は、あくまでも新聞を読むハードルを下げるためのものです。

ひとまず、ここでは、新聞を切り刻むことに抵抗を感じないようになりましょう。

はじめの1週間 2

毎日、土曜版を「深読み」する

次のステップです。次の土曜日がきたら、日経新聞を購入してください。

実は、**日経新聞には曜日ごとに特徴があります。**すでに気がついているあなたは素晴らしい！

たとえば月曜日は、前日に金融市場が閉まっているために、いつもと紙面内容が少し違います（株価や外国為替などの数字が並んでいる「市場体温計」というコーナーはお休みです）。

土曜日は、書評欄など盛りだくさん。「時間をかけて丁寧に取材をした、読み応えのある記事」が多く、付録の新聞もついてきます。

日曜日は、市場の動きを予想する「今週の市場」欄があります。

付録の新聞
「NIKKEIプラス1」という別刷り。

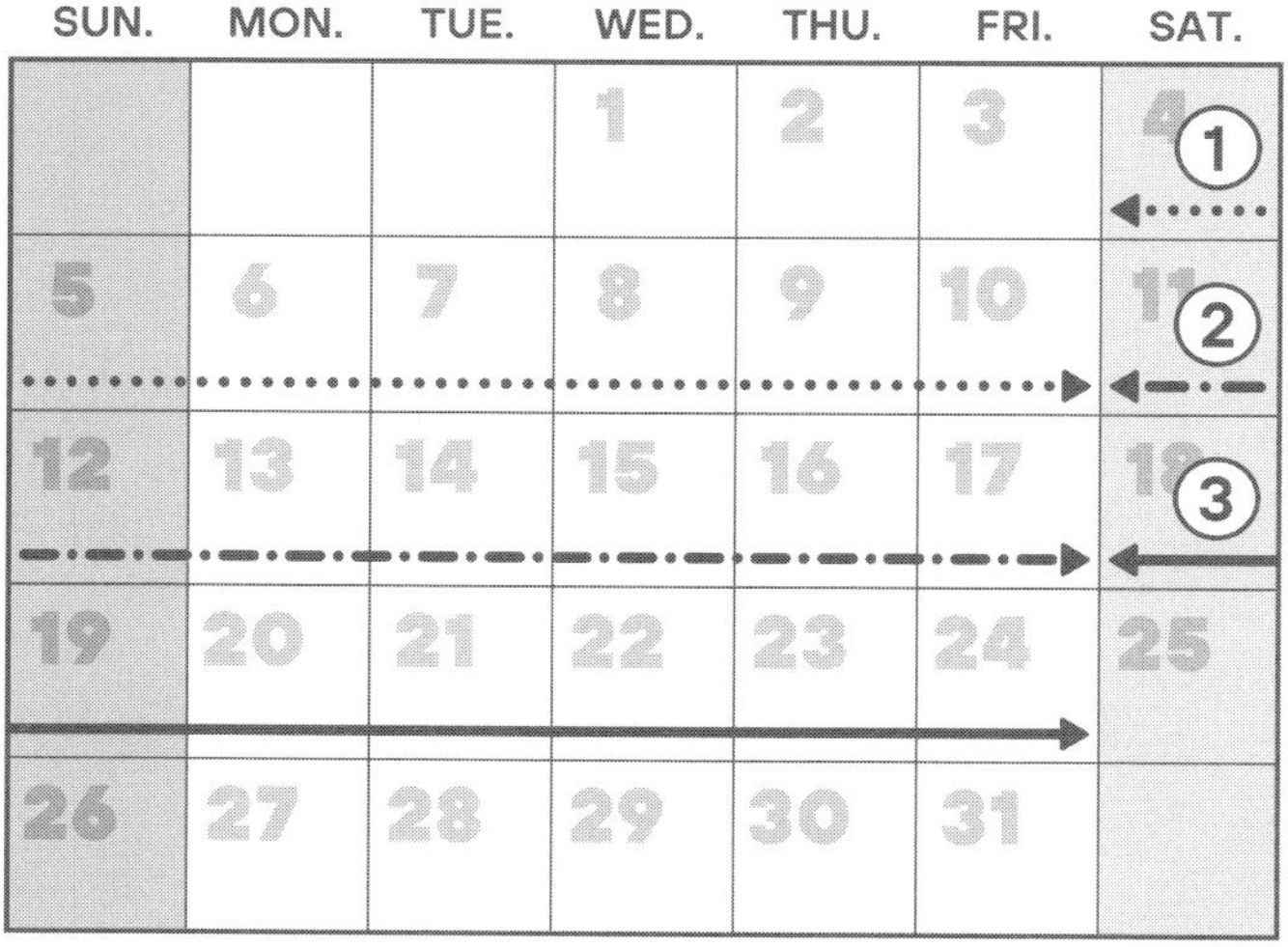

① **はじめの1週間（～1か月）**
毎日、土曜版を「深読み」する

② **次の1週間**
毎日、新聞を買って「軽読み」する

③ **さらに次の1週間（～2か月）**
1週間かけて、土曜版を「徹底的に深読み」する

はじめの 1 週間は、毎日、土曜版を「深読み」

一番厚くて情報量が多いのは、土曜日の日経新聞なのです。なので**最初は、情報量の多い土曜版を購入して、毎日同じ新聞を読む**ところから始めます。

「最低1週間」は、「同じ新聞を」「何度も」読み続けてください。といっても、新聞を切り取った段階で、20万字が実質2万5000字程度になっていますから、それほど苦はないはずです。原稿用紙でいえば60枚。書籍でいうと40ページ程度。これくらいは、きちんと読みたいですよね。

「毎日、同じ新聞を？」と思いましたか？　情報をインプットする練習ですから、これでいいのです。

1週間たったら、また土曜日に新しい新聞を購入し、同じことを繰り返してもかまいません。

ここでは、**切り取って少なくなった分を徹底的に読み込むこと（深読み）を習慣にするのが目的です。**

記事を読むときのコツ

最初から、すべての記事を一字一句読んでいこうとすると、途中で挫折してしまいます。

そんなときは、

①最初に見出しだけざーっと眺める
②見出しで引っかかった記事は、リードまで読む
③もっと知りたい場合は、本文も読む

という順番で見ていきます。

とはいえ、疲れているときややる気が出ないときもあるでしょう。人間ですから当然です。

そういうときは、**1面だけは一字一句読むようにしてください。**

次の1週間

3

毎日、新聞を買って「軽読み」する

ここまでの流れを、まとめておきましょう。

・土曜版の4分の3を強制的に捨てる（読むべき分量を減らす）。
・残りの奇数ページを最低1週間、何度も読む。
・これを1か月繰り返してもよい。

これが、ひとまず新聞に慣れるためのトレーニングです。同じ新聞を1週間、毎日読んでいくと、基礎体力がどんどん上がっていくはずです。

これを終えたら、今度は、毎日新しい情報

を仕入れる練習をしましょう（軽読み）。**1週間だけ毎日、朝刊を購入します。**

新聞を4分の1の量にするのは、これまでと同じです。

ここでは、**毎日新しい情報を仕入れるのが目的**なので、ざっと眺める程度でもかまいません。「軽く読む」を意識してみてください。

また、必ず読み切った段階で次の新聞を買うようにします。

多少時間がかかったとしても、あまり気にせずに、ひたすら**「切り取り・読み込み」**をしていきます。

このスタイルが基本です。覚えてください。奇手妙手はないのです。

さらに次の1週間

4

1週間かけて、土曜版を「徹底的に深読み」する

さあ、なんとなく日経新聞が手になじんできましたか？　次は「徹底的に深読み」のステージです。

繰り返すようですが、新聞には1部で新書2冊分の情報量があります。

その量に負けないように、ここまでは「読む量を減らす」というテクニックを学んできました。

この項では、量的な問題を「時間で解決する」という話をしていきます。

1週間かけて、土曜版をすべて読むのです。

土曜版を2部買う

ここではじめて、「新聞をすべて読む」というステージになります。おすすめは、日経新聞土曜版を2部買うことです。量的には、新書4冊分ですから、1冊800円として3200円程度の代物ですが、それが360円で手に入ります。

2部のうち1部は、大切に保管しておきましょう。

もう1部は切り刻まずに、つねに全部持ち歩き、初めから終わりまで、穴が開くほど読んでみてください。新書2冊分といいましたが、半分は数字と広告です。

まず、1面からスタートです。とにかく、読んだところを赤ペンで囲み、わからない単語や新語に線を引きまくりながら、真っ赤になるまで読み込みます。

おそらく、数日から1週間くらいかかると思いますが、それでいいのです。新

赤ペン
くわしくは、36ページ。

聞をずっと持ち歩けばボロボロになり、赤ペンだらけになります。

だいたい終わったと思う頃に、また土曜日がやってきます（その前に終わってしまった方や、さらに数日必要な方もいるかもしれません）。

すべて読み終わったら、ボロボロになった1部目をわきに置いて、先週買いつけたもう1部の土曜日の新聞を取り出して再スタートです。

2回目は、自分の理解が進んだかを確認するために読みます。

今度は、あまり赤ペンを使わずに読んでいきます。前回、よくわからなかった単語や文章も何となく理解できるようになっていることが実感できればＯＫです。

今度は、気になる記事を切り取って、スクラップブックに貼っていきましょう。

さて、およそ2週間、同じ新聞を読み込んで残ったのは、赤ペンで書き込ま

スクラップブック
「セレンディピティ」という言葉があります。「偶然に見つける宝」のことです。新聞を切り取ってスクラップブックをつくると、後で素晴らしい情報に出会うことがあるので、おすすめです。

れてボロボロになった新聞と、あちこち切り取られて原形をとどめない新聞のはず。そうなっていれば合格です。

そして、次の土曜日が来たら、また新聞を2部買って同じことをしてみましょう。さすがに3ラウンド目で嫌になるかもしれませんが、知識がどんどん重層化していきます。

また、記念に3部買って、1部はまったく手をつけずに1年から半年の間保存しておくという方法もあります。

これもおすすめですが、やるのは1回だけでいいでしょう。

1年後か半年後に、3部目の新聞を取り出して読んでみてください。きっとみなさんが、「新聞読み」のスキルを獲得したのを実感することになるでしょう。

おそらく、この「徹底的に深読み」のプロセスが一番つらいかもしれません。

しかし、一番重要なところです。

この過程でくじけることがないようにがんばってください。

「深読み→軽読み→徹底的に深読み」の順の意味は？

ここまで、最初の1か月で「日経新聞を読むことに慣れる」方法について、順を追ってご紹介してきました。

みなさんは、きっと**深く、同時に軽く読むスキルを体得できているはずです。**

実は、**「深読み」→「軽読み」→「徹底的に深読み」**の順で記事を読み込んできたのには理由があります。

これを繰り返すと、極めて正確に「斜め読み」ができるようになります。

そうすると、翌日の新聞の内容が頭に浮かんでくるようになります。**少し未来のことを予測できるようになる**のです。

そして、自分の頭に浮かんだことと実際に起こったこととの違いを比べ、探求していくうちに、その精度はさらに高まります。

というわけで、これから先も、ぜひ**「深読み」「軽読み」「徹底的に深読み」**の3つの読み方を意識してみてください。

読むときのコツ①

5

「赤サインペン」で記事をチェックする

ここからは、「日経新聞の効果的・効率的な読み方のコツ」についてお話ししていきます。

新聞をざっと読み込むときには、赤のサインペンを手に持ちましょう。

赤ペンで印をつけながら読むと、達成感とともに理解が深まります。

みなさんは、「ぺんてる」のサインペンを知っていますか？　あれは50年以上続く歴史的ヒット商品です。自分で言うのも変ですが、私は同社一番の顧客ではないかというぐらい、赤のサインペンを購入しています。

黒インクの新聞に、鮮やかに赤のサインペ

ンで印をつけたり書き込んだりしていくのですが、厳密なルールは特にありません。

私のおすすめは、

・読み込んだ記事を囲む。

・わからない単語や新語に線を引く。

これぐらいのゆるいルールで十分。細かくルールを決めると、途中で嫌になってしまいます。

赤ペンで印をつける作業をすれば、読んだときは浮き上がって見えた記事がどこかに行ってしまう心配がなくなります。記事は本当にすぐに埋もれてしまうのです。その点、赤のサインペンで書き込めばすぐに見つかります。

さらに、この先使えそうな記事は、切り取ってスクラップブックに貼りつけることで、確実に自分のものになってきます（その方法については、次の項でお話

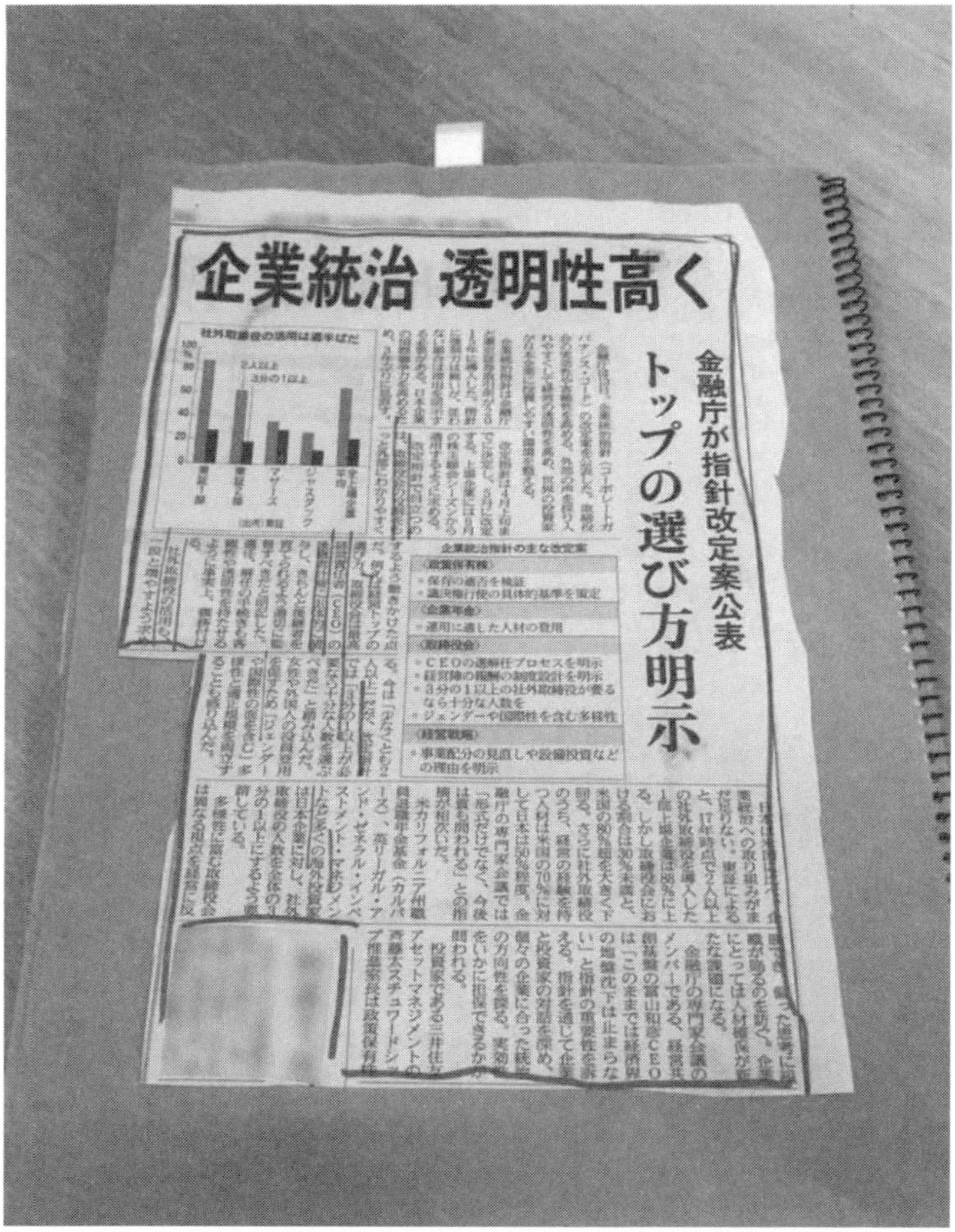

赤ペンで記事をチェックしておくと、記憶にも残りやすい
（日本経済新聞 2018 年 3 月 14 日付朝刊）

しします）。

「調査報道」は宝の山

新聞を4分の1に切り取っている段階では、書籍でいうと40ページ程度にまで減っているので、できるだけ全部の記事に目を通してほしいと思います。しかし、なかなか気分が乗らないときは、全体をざっと見て、面白そうな記事から読んでいってもかまいません。

そんなときの1つの目印となるのが**「調査報道」**です。

日経新聞は、膨大なデータベースを持ち、優秀な1500人もの記者が記事を書いています。

調査報道もたくさんあります。政府や地方自治体、企業が明らかにしていない重要な事実を、独自の取材で掘り起こすものです。

この調査報道こそが新聞の真骨頂だといえるでしょう。

そもそも、ワシントン・ポストがニクソン大統領を辞任にまで追い込んだのは、「大統領の陰謀」の調査報道だったそうです。

米国の有名紙ボストン・グローブも、タブーであった聖職者の問題を調査報道で白日のもとにさらしたそうです。

日経新聞もチームをつくって、継続して調査報道をしています。記事の後に署名が何人分かあるものがその証です。最近では、「限界都市」シリーズが読み応えのあるものでした。

かなりリッチな陣容でアウトプットがなされるので、これを利用しない手はありません。

読むときのコツ②

6

気になる記事は「スクラップブック」に貼る

赤ペンでチェックをした記事のうち、「なるほど！」と思った記事や、数回に分かれている特集記事は、切り取ってスクラップしておくと後で便利です。

実はこの、自分が「へー」と感心した記事はとても重要なのです。

切り取った記事は、スクラップブックに順番に貼りつけていきます。**時系列で貼っていくのがコツです。**

それをときどき眺めていれば、なんとなく記事が頭に残ってきます。

将来、その記事が必要になったときに戻ってくるぐらいでもかまいません。

たとえ戻ってくることがなかったとしても、頭の片隅にはその記事がインプットされているものです。

その昔、銀行や証券会社の調査部や研究所の社員は、職業的に新聞を徹底的に読み込んだものでした。

日経新聞などの主要紙はもちろん、鉄鋼新聞・電波新聞・繊維新聞・株式新聞などの専門紙も、多数あったようです。

それらの新聞が届くと、研究員の間で回覧されたあと、そこの新人がスクラップブックづくりをしていたそうです。

今は、検索手段の増加や新聞の電子版化、さらには「日経テレコン21」などのおかげでスクラップブックが徐々につくられなくなっているようですが、今でも個人的にスクラップブックをつくっている「金融のプロ」を何人も知っています。安心してください。

「日経テレコン21」
日経新聞が提供する有料データベース。過去の新聞や業界情報との比較などができます。大学や大きめの図書館などでは無料で使えます。使い方をマスターすると威力を発揮します。

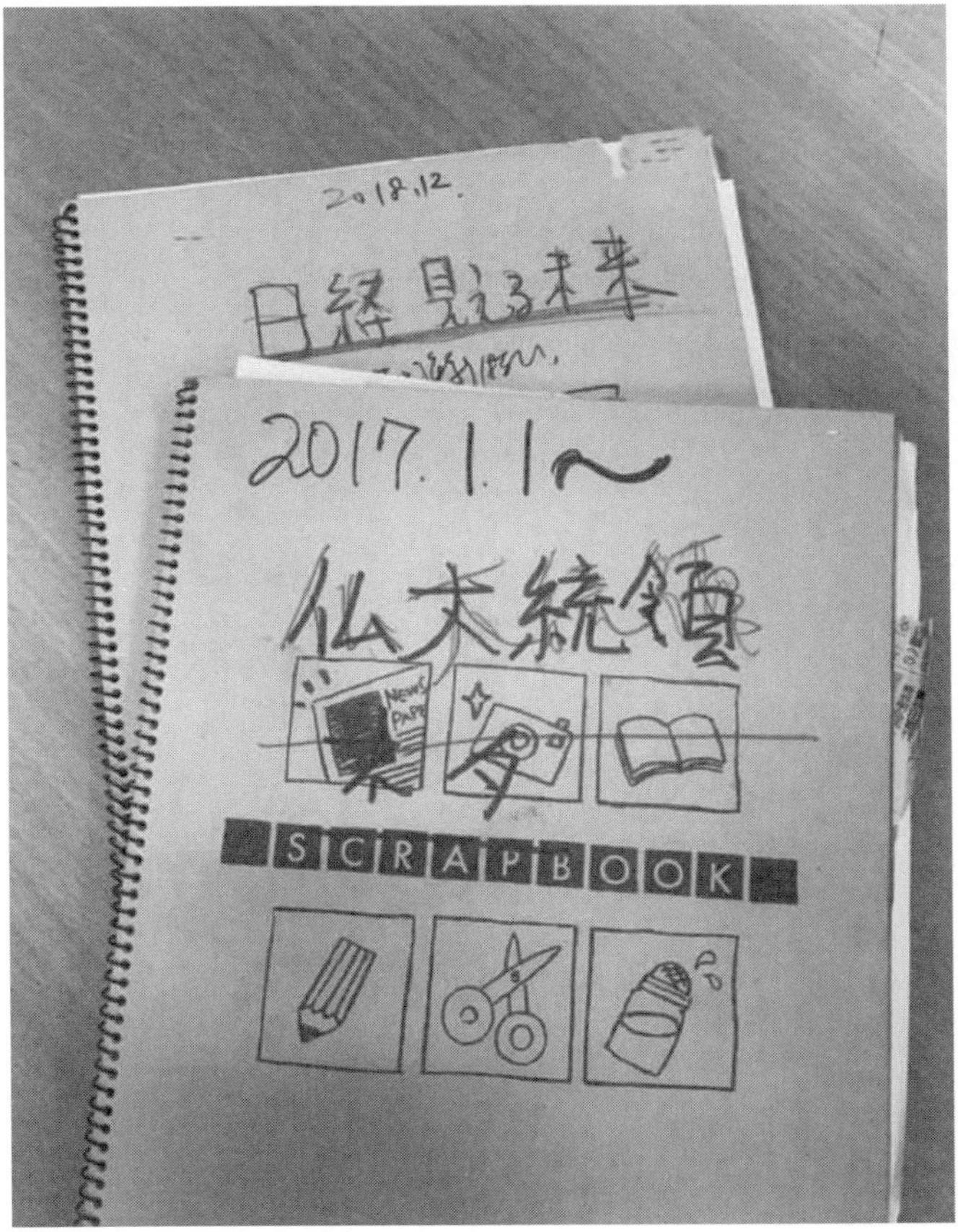

テーマを決めて、時系列でひたすら貼り込んでつくったスクラップブック

100円ショップのスクラップブックで十分

スクラップブックにもいろいろありますが、100円ショップで売っているもので十分です。

時系列で貼っていくので、ごちゃまぜのスクラップブックができてきますが、気にすることはありません。

1日当たり3記事をスクラップすれば十分でしょう。記事を選ぶ際には、興味のあるものやちょっと気になったものという、自分なりの基準でかまいません。

100円ショップ
「100均」という呼び方もあります。以前も、米国の10ドルショップや、百貨店の百円均一はあったのですが、デフレの時代の象徴として大成功。商品ごとの利益率はばらばらでも、全体で利益を確保する方式です。

読むときのコツ③

7

わからない言葉は「単語カード」に書く

日経新聞を読んでいると、いくつか意味がわからない言葉に出あうことでしょう。それ自体は恥ずかしいことでも何でもなく、誰にでもあることです。

「そのあと、どうするか」、そしてそれを継続することがほかの人との違いを生みます。

私は、**初めて見た単語は「単語カード」に書いていく**ことをおすすめしています。

ネットもない、郵便もない時代、江戸時代中期の知の巨人で、当時200冊以上の本を出版した本居宣長も、リングのついた単語カード状のものを利用していたそうです。

単語カードは、気づいたこと、あとで調べたいことをちょっと書いて保存するのに大変

本居宣長
伊勢松阪の町医者で、商人の系譜。賀茂真淵に学び、平田篤胤らに引き継ぐ国学者でもあります。映画監督の小津安二郎はほぼ同族といえるでしょう。

便利です。

私は20個くらい持っています。無印良品や100円ショップでの売れ筋商品ですが、買うのは意外と大人が多いのだそうです。

鉄のリングのついた単語カードは便利で安くて、なくしてもそれほど惜しくない。しかも、メモ代わりにしているうちに、頭に知識が入ってくるというすぐれものです。

カードの表にわからない言葉、気になる言葉をどんどん書いていき、後で裏面にその言葉の意味、コメントを書いていきます。

そして、日々のすき間時間にカードをランダムにめくっていき、意味を覚えているかどうかを確認するのです。数か月間継続すると、自分の成長が感じられることでしょう。

もしかしたら、みなさんが**日経新聞が読みにくいと感じているのは、使われている単語の意味がわかっていないから**なのかもしれません。

私が愛用しているリングつきの単語カード

逆に言うと、**用語の意味をしっかりと理解していると、記事の内容が頭によく入ってくる**のです。

だまされたと思って、この単語カードを使ってみましょう。１００円で買えますので、ぜひともトライしてください。

使い切っても捨てないで、小箱に保存

カードの束に白い部分がなくなったら、捨てないで中身を小箱などに移して保管しておきます。

そして、時間のあるときにその箱を取り出し、ランダムにカードを引き抜いてみて、自分の記憶を確認していきます。

こっそり告白しますが、この方式は私が18歳のときにあみ出したものです。

大学入学試験が厳しかった時代に、英単語を８０００くらい覚える必要がで

きたのです。そんなとき、この単語カードの利用を思いつきました。

当時からのロングセラー、某製菓会社のアーモンドチョコレートボールの箱に単語カードを６００枚ずつため込み、毎日カードを引き抜いては意味を覚えているかどうかテストしていたものです。

これが6箱になった頃に大学生になり、いつの間にかなくしてしまいましたが、その頃に覚えた英単語はいまだに出てきます。それぐらい、効果絶大なのです。

第２章
初級編

ひとまず、
必要な情報だけ
「インプット」
する技術

数字を見るときのコツ 1

「大きな数字」から把握する

ここまで、「記事を読めるようになる」ためにおすすめのトレーニング法をご紹介してきました。

ここからは、「知の筋トレ」ではなく、**「数字を見るときに役立つコツ」**を伝授していきます。それこそ、これまで記事を切ったり貼ったりしていたのが、やっと数字を見る段階になったと喜んでいる方もいるかもしれません。

1つ目は、**「大きな数字から把握する」**です。

では、日経新聞に載る数字で一番大きいものは何だと思いますか？　それは、日銀の資金循環統計に出てくる**「個人金融資産残高」**です。

日本人すべての個人金融資産の総額のことで、1800兆円程度。この数字が年4回は必ず登場します。例外はありません。

昨年珍事があって、日銀がほんの20兆円ほど間違いがあったので訂正しますと発表しました。関係者はひっくり返りましたが、日銀は堂々たるものです。

ともあれ、**日経新聞に載る一番大きな数字がおよそ1800兆円程度。**この「単位」の感覚をしっかり覚えておきましょう。

「通貨の単位」をしっかり押さえるのが基本

「通貨の単位」の感覚に敏感になることは、とても大事です。

旧大蔵省で国の予算を担当していた高級官僚は、「500百万円」というような話し方をしていました。彼らにとっては、1円が最小単位なのではなく、百万円が1つの単位だったのでしょう。

ちなみに、昔は「百万長者」といっていましたが、現在は「億万長者」といいますね。すでに兆円単位の資産を持っている人も登場したので、そのうち「兆円長者」という言葉ができるかもしれません。

イタリアに「リラ」という通貨が存在した頃は、リラがあまりにも小さな価値（1円の10分の1以下）となったので、「1000リラ」があたかも1つの単位であるかのように「Milleリラ」という単位を使った経験があります。

しかし今は、EUの通貨ユーロが導入されて、「兆」が会話から消えてしまったようです。

米国にしても欧州にしても、為替が日本と2桁違いますから、数字の扱いが簡単です。欧米では、億単位まででことが済みますので、「兆」という言葉を知らない人もいるくらいです。

逆に、韓国では、為替が日本の10分の1なので、さらに大きな単位になってしまいます。

ベトナムでは、日本で1000円の価値を持つ紙幣は20万ドンですから、オ

リラ
通貨ユーロを導入する前のイタリアの通貨単位。朝ごはんは50万リラとか、お金持ちになった気がしました。現在はトルコがリラを通貨単位にしていますが、下落するイメージが持たれています。

ドン
ベトナムの通貨単位。100で割ってさらに半分にすると円表示に近い数値が出るくらいの貨幣価値です。1ドンコインはあるのでしょうか。

ートバイ1台で億単位になります。

外国の通貨については別の機会にみっちり学ぶとして、「円」の単位の感覚を身につけておくと、世界の経済・社会がより鮮明に見えてきます。

よく出てくる数字は覚えておく

兆円単位の有名な数字は、いくつか覚えておきましょう。

たとえば、**日本の経済規模（GDP）は約500兆円**。そのうち、個人消費は約300兆円。

国家予算は約100兆円で、税収は約60兆円。大きな税収は、消費税と所得税、法人税などです。これらは10兆円の単位になります。

まず、日本経済の大きさは必ず押さえておくこと。日本政府の国家予算も知っておくべきでしょう。

GDP
国の経済的な大きさを知るのに、現在のところ最もわかりやすい数字でしょう。年間の付加価値の合計というのが定義ですが、「国の体重」だと覚えましょう。米国は日本の3・5倍。中国は約30年前の平成元年には日本の8分の1だったのが、現在は2倍。また、「1人当たりGDP」を見ると、国民の豊かさがわかります。

よく出てくる数字を覚えておくと、全体像をつかむのに便利です。

たとえば、わが国のＧＤＰの60％は、個人消費からきています。政府はここに消費税を導入し、３％から始めて現在８％です。あと２％増やすと10％になります。

消費税が８％であれば、５００兆円×60％×８％で、およそ24兆円が国と地方に配分されます。

２％増税すると、さらに６兆円ものお金が、個人から自動的に徴収されてしまいます。極めて大きな金額が、国と地方に簡単に移転してしまうのです。

余談になりますが、この消費税はフランスで発明されたとても便利な魔法の税金です。悪賢く脱税する人でも、消費税であれば必ず取られてしまいます。逆に、貧困者からも取ることになってしまうので問題だという意見もあります。

欧州では、すでに消費税が20％レベルになっている国もあります。

日本で消費税を20％にすると、個人消費３００兆円の時代ですから、60兆円の税収になります。ほかの税を取らなくても現在と同じレベルになりますが、

国家予算
法人税や所得税、消費税などで賄われる国の予算。日本では１００兆円見当。税収が60兆円規模なので、その差額は国債の発行で賄われます。

消費税
欧州では「付加価値税」といわれますが、消費税とほぼ同義語です。欧州では20％でも驚きませんが、日本では８％から10％に引き上げられる予定。

そんなことをすると経済が失速してしまう可能性があります。

このように、税のさじ加減にはとても難しいものがあるのです。

日本一の企業の売上は何兆円？

大企業の年間売上も兆円単位です。日本一の会社は現在トヨタですから、トヨタの年間売上を覚えれば、ほかはそれ以下ということになります。

ちなみに、**トヨタは年間およそ30兆円の売上**です。自動車1000万台を販売しての金額ですから、トヨタ車は1台の平均価格が300万円と計算できますね。


このように、**大きな単位で経済を見る訓練をすると、業界ごとの市場の大小もよく見えてきます。**

たとえば、みなさんがよく行くコンビニは、セブンイレブンとローソン、フアミリーマートの3社にほぼまとまってきています。

地方のコンビニもすべて合計すると6万店弱でしょうか。この**コンビニ業界の売上はおよそ10兆円**です。消費の合計は300兆円ですから、すべての消費のうち3・3%がコンビニということになります。

ほかにも、デパートやドラッグストアの市場規模などが新聞で報道されます。それらはすべて、兆円単位で覚えましょう。

後の節でもお話ししますが、それらを時系列で見ると、大きくなっている業界と、しぼんでいく業界などが見えてきて面白いのです。


ところで、これから力を入れる農産物の輸出額は1兆円ですね。ブライダル産業も1兆円だと聞いたことがあります。こちらは正確な数字は不明ですが、だいたいそれぐらいです。

あるいは、何か産業が生まれて、元気が出てくるのは1兆円の壁を越える頃なのだそうです。すると、お役所の中に担当の課ができて、規制が始まるともいわれています。

野放しがいいのか、規制がいいのかはここでは触れませんが、「1兆円」というのはそのような重みがある金額でもあるのです。

ではここで、一度まとめです（次ページ）。極めて大ざっぱな数字ですから、イメージ図だと思ってください。

最低限、これぐらいは覚えましょう。

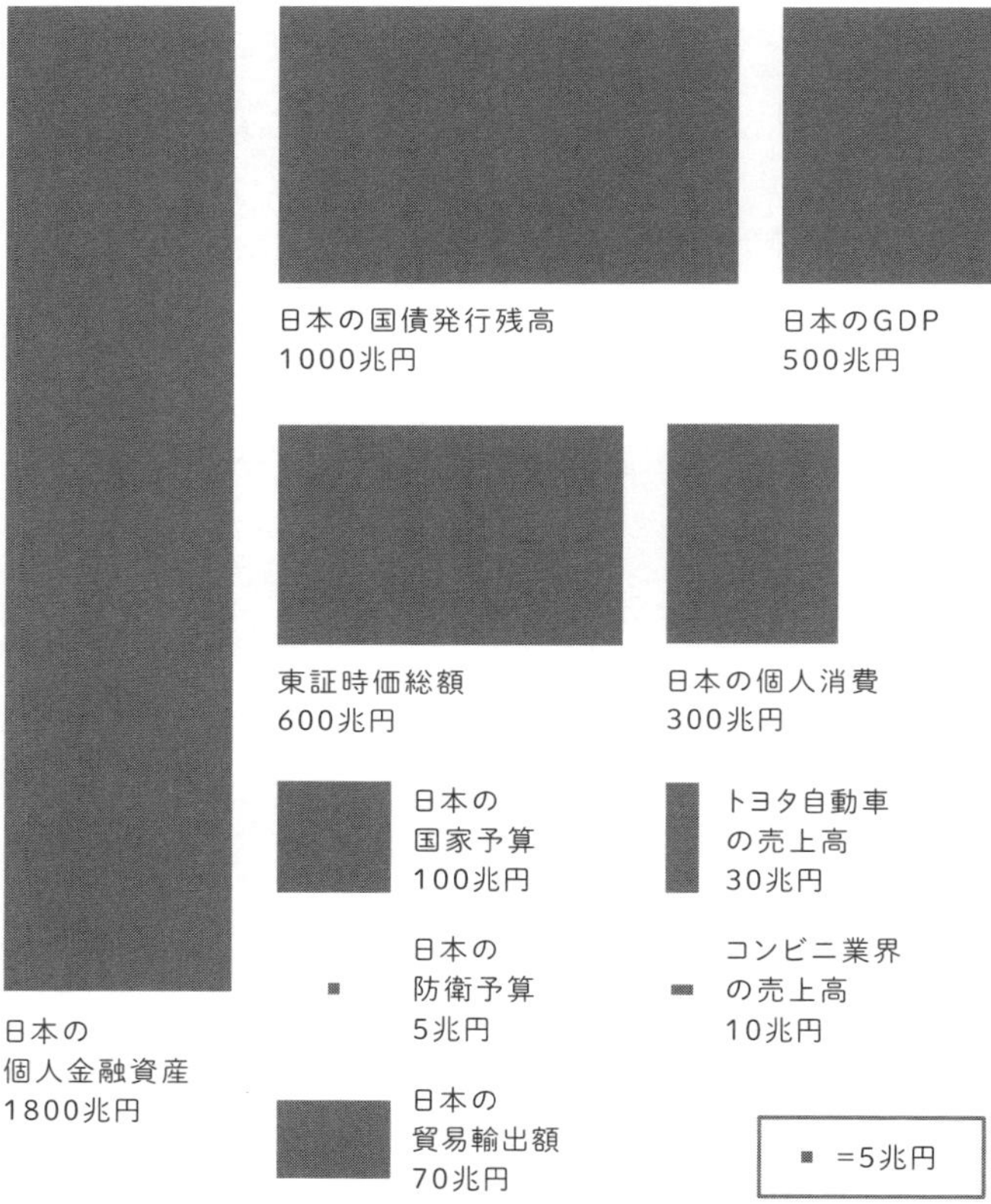

押さえておきたい10の数字（兆円単位）

東証時価総額

東京証券取引所に上場している株式の時価総額です。時価総額を合計した数字は、GDPと相関関係にあると考えてよいでしょう。経済が好調だと時価総額がGDPよりも3割程度大きくなり、不調の場合は同様に3割程度小さくなる傾向があります（あくまで経験値です）。なお、海外でもこの傾向はあります。

注目する指標を追いかける①

毎日、手帳に数字を書き写す

毎日、新聞読みは続けていますか？　やや追われることになりますので、新聞休刊日が待ち遠しくなってきているかもしれませんね。

必要な情報をインプットするおすすめの方法は、**毎日、新聞を読むたびに手帳に数字を書き写す**ことです。日経新聞にはいろいろな指標が載っていますが、時間も限られているので、せいぜい3つ程度でいいでしょう。

これを長く継続すると、上司やお客さまから一目置かれるようになります。

では、どの指標を選べばいいのか？

意外に思われるかもしれませんが、世界経済の先行きを占うのにいま一番おすすめなのは、韓国の日経平均にあたる**「韓国総合指数」**（KOSPI）なのです。

その昔、経済の先行きを予測するのに、銅の価格が利用されました。その趣旨で、2019年4月7日付朝刊の1面に「Dr.カッパー」という言葉（銅市況の異名）が登場しています。

過去、銅の価格を追うことで世界の経済情勢を当てられた時代は、銅市況はドクターの称号をつけて「Dr.カッパー」と呼ばれていました。銅は経済活動や戦争になくてはならない必需品でしたから、銅の価格をつぶさにフォローすることで、将来の予測が可能になっていたのです。

しかし、戦争も弾丸を使うことが減って、ミサイルや電子戦となってしまったため、銅の価格だけでは判読不能となりました。

ここでかわりに登場したのが、韓国の株価指数である「韓国総合」です。

「韓国総合」を追うと、何がわかるのか

株式の指数には、すべて**「先見性」**があるといわれます。

たとえば、１９４１年12月８日の月曜日、東京証券取引所は下落で始まったそうです。早朝に日本海軍の真珠湾攻撃が大成功したと、ニュースが報じていました。したがって、市場は先勝ムードとなるはずですが、下落から始まったそうです。

すでに日本は中国と泥沼の戦争を始めており、さらに経済規模が5倍といわれた米国と全面戦争をすれば、勝ち目は少ないと市場は読んだのでしょう。

第二次大戦中の英国でも、ドイツ軍によるロンドン空襲が始まると、英国の株が上昇しはじめたそうです。そろそろ本格的な巻き返しがあると予想したのでしょう。

逆にドイツの株式市場は、ドイツ軍がソ連でモスクワ郊外やレニングラード

に到達すると下げはじめたようです。

このように、**すべての人が公平に参加できる株式市場は、時として先見性を発揮します。**

数年前まで北朝鮮は、ミサイルの発射実験を繰り返し、国内で核実験を強行していました。日本国内では、在韓米軍の家族が三沢基地（青森）に来たなどと、噂レベルでは緊張感が高まっていました。

１９９０年代初めにも緊張が高まり、韓国と北朝鮮には実際に戦争が始まる気配さえあったようです。そのため、ソウルの日系企業は有事に備えて、米ドルを社員に配っていたこともありました。

もし米軍が北朝鮮を攻撃し、北朝鮮軍が国境を越えて攻撃してくれば、首都のソウルはひとたまりもありません。

しかし、韓国の株価指数である韓国総合（KOSPI）は、そんな噂にほとんど反応しなかったのです。

韓国の株式市場の上場銘柄にはハイテク産業が多く、また外国人の投資家の活動も活発です。彼らは逃げ足が速く、逆に好環境では殺到します。

そのため、世界の経済の動きそのものを反映し、先見することも多々あります。銅を使わずに、半導体の塊のミサイルで戦争をする時代ですから、韓国総合を見ておけば、すべて予測がつくともいえるのです。

「世界が好景気なら韓国総合が上昇、不況がくるのであれば下落」ということでしょう。

「韓国総合」は、日経新聞のマーケット総合欄（「市場体温計」）に毎朝掲載されています。これを毎日、手帳に書き写すと、世界の近未来が見えてきます。

毎日、数値を追っていくと、貴重な財産になるでしょうね。

核実験だろうが、戦争の気運だろうが、韓国総合は正直に先見します。

韓国の通貨は、およそ日本の10倍表示ですが、韓国総合は、逆に日経平均の数値の10％程度となっています。

ＪＰＸ日経インデックス400
13972.14(−53.70)
ＪＰＸ日経中小型　13276.90(−56.70)

＜新興株式市場など＞

日経ジャスダック平均
3471円09銭(−1円06銭)
東証マザーズ指数　896.08(−0.62)
東証２部総合指数　6698.04(−6.46)
東証ＲＥＩＴ指数　2018.51(＋13.37)
日経平均ＶＩ　15.34(＋0.16)
日経配当指数(2019年)　212円32銭

＜アジア株＞

日経アジア300指数　1318.50(−8.72)
同 ASEAN指数　1315.10(−13.71)
同 インベスタブル指数（円ベース）　1155.19(−1.51)

上海総合（中国）
2944.541(＋7.181)
韓国総合（韓国）
2066.26(−8.22)
ハンセン（香港）
28397.74(−196.56)
加権（台湾）
10891.98(−49.43)
ＶＮ（ベトナム）
993.35(−1.60)
クアラルンプール総合
1647.96(−8.62)
ＳＴ（シンガポール）
3363.76(−17.50)
ジャカルタ総合
6325.237(−76.128)
ＳＥＴ（タイ）
1717.97(−12.93)
オールオーディナリーズ（豪）
6879.3(−22.6)

＜金利＞

新発10年国債利回り　−0.150%(＋0.005)
(355回債、日本相互証券、終値)
無担保コール翌日物金利　−0.073%(−0.002)
(短資協会、加重平均、速報)

市場体温計　東証1部　26日

日経平均株価(225種)　21658円15銭(−98円40銭)
騰落率＝−0.452%
東証株価指数(TOPIX)　1571.52　(−6.33)
騰落率＝−0.401%
売買代金　1730156百万円　(−93818百万円)
売買高　92618万株　(−6052万株)
売買単価　1868.0円
売買高上位10銘柄の占有率　23.6%
上場銘柄数　2151　値上がり　626
売買成立　2151　値下がり　1415　変わらず　110
新値株（年初来）高値　48　安値　37
騰落レシオ(25日移動平均)　101.83%
時価総額　6002258億円　(−21664億円)
普通株式数（百万株）　315363　1株当たり時価（円）　1903.28

〈外国為替・商品〉

ドル／円　1ドル＝108.62〜108.63円
ユーロ／円　1ユーロ＝120.94〜120.98円
ユーロ／ドル　1ユーロ＝1.1134〜1.1135ドル
(17時、銀行間直物、日銀公表)

金（1グラム）　4929円　(−6円)
原油（1キロリットル）　40260円　(＋350円)
(東京商品取引所の期先清算値)
＜日経・東商取商品指数＞02年＝100
275.79　(＋0.85)
工業品　274.48　(＋0.90)
※カッコ内のプラス・マイナスは前日比

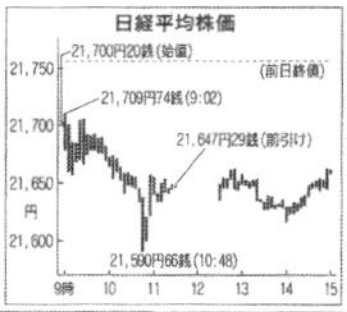

「韓国総合」はここをチェック!

出典：日本経済新聞 2019 年 7 月 27 日付朝刊

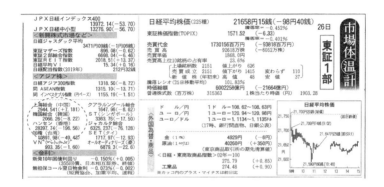

この韓国総合指数を、「Dr.カッパー」の後継者として、「Dr.KOSPI」と呼んでもいいかもしれませんね。正直に告白しますと、この言葉は米国の有名市場人のハイマン先生直伝です。一度は消えたのですが、復活中です。

「日経平均」と「ニューヨークダウ」には連動性あり

ほかの株価の指数を継続的にフォローする人も多いのですが、**「日経平均」**や**「ニューヨークダウ」**が代表的でしょう。

最近では、この2つの指数に連動性があるということから、ニューヨークが下がると東京市場もしめりがちとなります。

現在、日経平均とニューヨークダウは、数字単位としては近いといえます。

日経平均は、日本の敗戦から4年たった1949年5月16日に、**「東証ダウ**

平均」（のちの日経平均）として176・21でスタートしています。

当時も「除数」を用いた計算方法で算出されたのですが、同日のニューヨークダウに数値を合わせたと聞いています。みなさん調べてみてください。

ちなみに、当時の日本は占領地でしたが、紆余曲折があっても、現在もともに2万ポイント台ですから面白い結果ですね。

一方、ドル・円のレートは3・5倍です。

追ってみる指数は、日経平均やニューヨークダウでもかまいませんが、先見性という意味では韓国総合に軍配が上がるでしょうね。

注目する指標を追いかける②

3

ほかにおすすめの指標は?

ほかに追跡すべき指数には、原油や金《きん》の価格などがあります。

金利がつかない**「金」**は、低金利でインフレムードになると選好されますね。また、戦乱や政情不安があると通貨不安になり、金を持ちたい気になります。

しかし、金の価格には1オンスの値段とともに、グラム当たりの値段がありますから、混同しないようにしましょう。

一般に、塊はグラムの値段を使い、金貨はオンスの値段を使うようです。非鉄も、トン表示と1ポンド表示がありますから、こちらも注意が必要ですね。

金
金は世界中で同質なので、原油のような混乱はありません。しかし、単位が異なり、インゴット(金塊)がキログラム/価格が使われ、それ以外はトロイオンス/価格が使われます。また、日本ではグラム/価格が使われます。

市場体温計

東証1部 26日

日経平均株価(225種) 21658円15銭(−98円40銭)
騰落率＝−0.452%

東証株価指数(TOPIX) 1571.52 (−6.33)
騰落率＝−0.401%

売買代金 1730156百万円 (−93818百万円)
売買高 92618万株 (−6052万株)
売買単価 1868.0円
売買高上位10銘柄の占有率 23.6%
上場銘柄数 2151 値上がり 626
売買成立 2151 値下がり 1415 変わらず 110
新値株(年初来) 高値 48 安値 37
騰落レシオ(25日移動平均) 101.83%
時価総額 6002258億円 (−21664億円)
普通株式数(百万株) 315363 1株当たり時価(円) 1903.28

JPX日経インデックス400 13972.14(−53.70)
JPX日経中小型 13276.90(−56.70)

＜新興株式市場など＞

日経ジャスダック平均 3471円09銭(−1円06銭)
東証マザーズ指数 896.08(−0.62)
東証2部総合指数 6698.04(−6.46)
東証REIT指数 2018.51(＋13.37)
日経平均VI 15.34(＋0.16)
日経配当指数(2019年) 212円32銭

＜アジア株＞

日経アジア300指数 1318.50(−8.72)
同 ASEAN指数 1315.10(−13.71)
同 インベスタブル指数(円ベース) 1155.19(−1.51)

上海総合(中国) 2944.541(＋7.181)
韓国総合(韓国) 2066.26(−8.22)
ハンセン(香港) 28397.74(−196.56)
加権(台湾) 10891.98(−49.43)
VN(ベトナム) 993.35(−1.60)
クアラルンプール総合 1647.96(−8.62)
ST(シンガポール) 3363.76(−17.50)
ジャカルタ総合 6325.237(−76.128)
SET(タイ) 1717.97(−12.93)
オールオーディナリーズ(豪) 6879.3(−22.6)

＜金利＞

新発10年国債利回り −0.150%(＋0.005)
(355回債、日本相互証券、終値)
無担保コール翌日物金利 −0.073%(−0.002)
(短資協会、加重平均、速報)

〈外国為替・商品〉

ドル/円 1ドル＝108.62〜108.63円
ユーロ/円 1ユーロ＝120.94〜120.98円
ユーロ/ドル 1ユーロ＝1.1134〜1.1135ドル
(17時、銀行間直物、日銀公表)

金(1グラム) 4929円 (−6円)
原油(1キロリットル) 40260円 (＋350円)
(東京商品取引所の期先清算値)
＜日経・東商取商品指数＞02年＝100
275.79 (＋0.85)
工業品 274.48 (＋0.90)
※カッコ内のプラス・マイナスは前日比

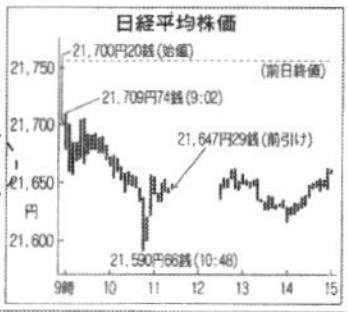

金、原油の価格はここをチェック!

出典：日本経済新聞 2019年7月27日付朝刊

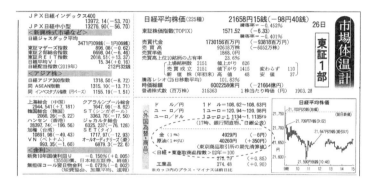

「原油」も経済と大きく連動しています。原油は景気がいいと上昇します。地政学的リスクや油田事故、減産協定などによっても上昇するでしょう。

金よりもはるかに必需品ですから、原油価格の推移を追うことには意味があります。

ただし、金はどこでも等質ですが、原油は温泉水のように、場所ごとに質の違いがあります。消費地との距離も重要なファクターですね。

今のところ、**「WTI」**(ウエスト・テキサス・インターミディエート、米国の西テキサス地方で産出される原油)という油種が有名ですが、今後は**「北海ブレント」**が世界の中心油種になるかもしれません。

原油
タマネギは淡路島産がいいというように、原油も産地によって質がかなり違います。硫黄分が多いものから少ないものまで多種多様なので、標準油種が基準として使われます。

日米独の「10年国債」で、経済の先行きがわかる

ほかの候補としては、日米独の**「10年国債の利回り」**などにも意味が出てきま

債券市場 （26日）

◇新発10年国債（店頭売買参考統計値）

	利回り（終値）	前日比
355回債	▲0.155%	0

（日本証券業協会発表、業者平均、単利）

◇日経公社債インデックス

短期債	0.19
中期債	0.13
長期債	0.25

◇日経国債インデックス ▲0.225

（算出不能、未着は—）

◇転換社債・新株予約権付社債指標

（東京）

ＱＵＩＣＫ平均（円）	925.02	Δ0.19
単純平均（円）	104.16	Δ0.02
かい離率（%）	Δ22.29	Δ0.55
平均直利（%）	0.01	0
売買高（百万円）	4	▲42
値付率（%）		28.57

◇ＣＤＳ指数

iTraxx Japan ５年（ＩＨＳマークイット）

実勢価格	54.92	＋1.08

◇債券標準価格（ＪＳプライス）

銘柄	償還年月	利率（%）	標準価格（円）
国債			
国庫短期証券843	20/1	—	100.11
国庫短期証券839	20/6	—	100.18
中国402（2年）	21/7	0.1	100.59
中国140（5年）	24/6	0.1	101.68
長国355（10年）	29/6	0.1	102.56
変動利付48（15年）	23/5	*	102.80
超長国168（20年）	39/3	0.4	103.77
超長国63（30年）	49/6	0.4	101.21
超長国12（40年）	59/3	0.5	103.59
物価連動24（10年）	29/3	*	104.25
その他債券			
三菱東京ＵＦＪ160	24/7	0.631	102.53
ＫＤＤＩ21	24/9	0.669	102.85
政保地方公共62	24/7	0.601	103.23
東京都（公）732	24/6	0.645	103.12
鹿島45	24/9	0.24	100.43
アサヒＨＤ11	24/6	0.23	100.48
東レ31	24/7	0.25	100.46
住友化49	24/4	0.944	103.68
ＪＸＨＤ9	24/6	0.82	103.19
ＪＦＥ21	24/3	0.804	103.23
豊田織33	24/6	0.15	100.14
ＮＥＣ51	24/6	0.36	100.62
三菱重工29	24/9	0.662	102.53
トヨタ16	24/3	0.645	102.72
住友商事48	24/1	0.828	103.16
イオン20	24/6	0.82	102.54
オリックス179	24/6	0.9	103.33
野村ＨＤ24	25/6	2.329	111.66
住友不97	24/4	0.904	103.35
ＪＲ東日本102	24/7	0.63	102.73
日本郵船39	24/5	0.53	100.33
関電512	24/10	0.32	100.59
東京ガス26	24/5	2.29	110.61

◇公社債店頭売買参考統計値

（29日分、日本証券業協会、円。国庫短期証券の利回りは単利、その他は複利）

銘柄	償還年月	利率（%）	平均値	平均値利回り（%）
国債				
国庫短期証券842	19/10	—	100.02	▲0.124
国庫短期証券836	19/12	—	100.05	▲0.155
国庫短期証券839	20/6	—	100.18	▲0.200
中 国402（2）	21/7	0.1	100.61	▲0.214
中 国131（5）	22/3	0.1	100.83	▲0.212
中 国135（5）	23/3	0.1	101.23	▲0.235
中 国139（5）	24/3	0.1	101.57	▲0.235
長 国338	25/3	0.4	103.69	▲0.248
長 国342	26/3	0.1	102.33	▲0.247
長 国346	27/3	0.1	102.64	▲0.241
長 国350	28/3	0.1	102.73	▲0.212
長 国354	29/3	0.1	102.59	▲0.166
超長国168	39/3	0.4	103.78	0.203
超長国（30）62	49/3	0.5	104.16	0.352
超長国（40）12	59/3	0.5	103.59	0.401
変利国48（15）	23/5	*	103.10	—

日本の「10年国債」の利回りはここをチェック!

出典：日本経済新聞 2019年7月27日付朝刊

す。

一番重要な10年ものの米国国債（USトレジャリーボンド）の利回りをご存じですか？　これを毎日手帳に書きつけていくだけでも、経済の先行きが見えてくるでしょうね。

さらに、日本とドイツの10年国債と3本立てにするとよくわかります。米国は10年もの国債に、低いながらも2％から3％の金利がついているのですが、日本は短期のものは当然として、10年国債にも金利はほとんどつきません（むしろマイナスです）。

ドイツ国債は、かつては日本と米国の中間でしたが、やや日本のレートに近づいてきています。

そんな情報を長く集積していると、たとえばお金を借りたときに10％の金利を要求されたら、それは異常値だとすぐわかるようになります。騙されないようになるということです。

では、ここでみなさんに質問です。直近の米国とドイツと日本の10年国債の利回りは正確にどのくらいですか？　すぐに答えられたら立派なものです。

「短期金利」は、経済危機と連関が

金利指標では、償還期限が1年以内の**「短期金利」**も役に立ちます。

短期のレートは政策金利なので、日々動くものではありません。FRB（米国の中央銀行にあたる）や日本銀行が決めます。とはいえ、重要な数字ですので、これを手帳に書いていってもいいでしょう。

特に1980年以降、米国のFFレート（フェデラル・ファンド金利）が上昇すると、世界に経済危機が起きています。

80年代初めには、短期金利がなんと20％となり、中南米の国を中心に経済危

償還期限
英語にすると「刑期満了」と同じ単語を使います。債券には、永久債という例外を除いて必ず元金が戻る月日が記載されています。その日に現金になることを「償還」といいます。

短期金融市場 （26日）

（金利、利回りは%）

◇コール

（短資協会、加重平均、速報）

	無担保	有担保
翌日	−0.073	—
1週間	−0.048	—
2週間	−0.035	—
3週間	—	—
1カ月	—	—
2カ月	—	—
3カ月	−0.035	—

◇全国コール市場残高

（25日確報、億円）　111818

◇CP気配 （短資協会）

<現先>

	売り	買い	前日 売り	前日 買い
翌日	−0.036	0.033	−0.036	0.033
1週間	−0.036	0.033	−0.036	0.033
1カ月	−0.036	0.033	−0.036	0.033

◇国庫短期証券利回り

（日本相互証券、BB国債価格）

	銘柄	引値	前日比
3カ月	846回債	▲0.124	0.008
6カ月	843回債	▲0.260	0
1年	845回債	▲0.200	0

◇東京レポ・レート（日本証券業協会）

	平均値	前日
翌日	−0.080	−0.081
1週間	−0.084	−0.085
1カ月	−0.097	−0.097

◇東京銀行間取引金利

（全銀協運営機関）

	TIBOR・円 365日ベース	TIBOR・円 360日ベース
1週間	−0.02182	−0.00400
1カ月	0.06545	0.11100
3カ月	0.06727	0.04900
6カ月	0.12636	0.10500
1年	0.13636	0.09700

◇日銀の金融調節

（金額は億円、落札金利は%、価格は円）

	期間	予定額	応札額	落札額	落札金利（価格）
【7月26日通知分】					
国債買い入れ(残存期間1年以下)	7/29	500	1734	501	最低0.006
国債買い入れ(残存期間10年超25年以下)	7/29	1800	4410	1810	最低0.002
国債買い入れ(残存期間25年超)	7/29	400	1776	406	最低0.004
CP買い入れ	7/31	2500	6060	2450	最低▲0.001
国債補完供給(国債現先売り)	即日−7/29	61238	100	100	最高▲0.350
共通担保供給(全店)<固定金利方式>	7/29〜8/13	15000	655	655	
【7月25日通知分】					
国債補完供給(国債現先売り)	即日−7/26	252495	0	0	
【7月24日通知分】					
国債補完供給(国債現先売り)	即日−7/25	61851	0	0	
国債補完供給(国債現先売り)	即日−7/25	12766	0	0	

（注）国債買い入れの落札金利（変動利付債、物価連動債の場合は価格）は日本証券業協会の店頭売買参考統計値との格差、社債買い入れ、CP買い入れの落札金利は売買利回り。▲はマイナス

◇日銀当座預金残高

（速報、億円、カッコ内は準備預金残高）

4046200（3534900）

◇資金需給予想

（29日、億円、実質）　7000余剰

◇円金利スワップレート（QUICK、仲値、%）

	対LIBOR	対TIBOR		対LIBOR	対TIBOR
1年	−0.066	0.071	7年	−0.060	0.071
2年	−0.093	0.038	10年	0.024	0.164
3年	−0.104	0.026	15年	0.168	
4年	−0.104	0.028	20年	0.278	
5年	−0.096	0.035	30年	0.384	

（注）固定金利、変動金利ともに半年利払い

日本の「短期金利」はここをチェック！

出典：日本経済新聞 2019年7月27日付朝刊

機が起きてしまいました。20％もの金利を払ってビジネスはできませんよね。

その後も、ブラックマンデーやアジア通貨危機、リーマンショックの前には、米国の短期金利が上昇するという連関があります。

したがって、これも手帳につけていけば、先行きが予見できるといえます。

英国のEU離脱問題は、「ポンドの為替」が予見する！

いま世界の大問題といえば、「英国のEU離脱問題」です。いまだ方向は定まりませんが、正しく予見している指数が1つあります。

英国の通貨である**「ポンドの為替」**がそれです。これがしっかりしていれば大丈夫ということです。もし波乱があれば、混乱しながらEU離脱となるのを予見しているということなのでしょうね。

外為市場（26日）

◇円相場

（銀行間直物、1ドル＝円、売買高は前日、終値は17時、寄付は9時時点、日銀）

		前日
終値	108.62―108.63	108.05―108.06
寄付	108.67―108.68	108.19―108.20
高値	108.56	108.05
安値	108.73	108.24
中心	108.65	108.17
直物売買高		53億400万ドル
スワップ売買高		686億1700万ドル

◇名目実効為替レート指数

日銀（1999年1月＝100、前日分）	
日本円	103.97
日経インデックス（2015年＝100）	
日本円	115.4
米ドル	106.1
ユーロ	107.6

◇主要通貨の対円レート

（17時、東京金融取引所・FX）

英ポンド/円	1ポンド＝134.98～135.02円
豪ドル/円	1豪ドル＝75.270～75.305円
スイスフラン/円	1スイスフラン＝109.52～109.56円
カナダドル/円	1カナダドル＝82.43～82.47円
NZドル/円	1NZドル＝72.21～72.24円

◇主要通貨の対ドルレート

（17時、カッコ内は前日終値）

英ポンド	1.2425―1.2429
（1ポンド＝ドル）	（1.2478―1.2482）
スイスフラン	0.9915―0.9919
（1ドル＝スイスフラン）	（0.9858―0.9862）
豪ドル	0.6928―0.6932
（1豪ドル＝ドル）	（0.6965―0.6969）

◇上海市場＝中国人民元

（銀行間取引、17時30分現在、カッコ内は前日）

米ドル（1ドル＝元）	6.8798（6.8750）
日本円（100円＝元）	6.3317（6.3611）

◇対顧客米ドル先物相場

（三菱UFJ銀、円）

	売り	買い
7月渡	109.74	107.69
8月〃	109.70	107.45
9月〃	109.47	107.20
10月〃	109.25	106.93
11月〃	109.00	106.72
12月〃	108.78	106.49

◇外為 対顧客電信売相場

▽三菱UFJ銀（円）		前日
米ドル	109.74	109.22
ユーロ	122.69	121.99
カナダドル	84.21	83.96
英ポンド	139.40	139.09
スイスフラン	110.66	110.73
デンマーククローネ	16.53	16.44
ノルウェークローネ	12.84	12.82
スウェーデンクローナ	11.91	11.88
豪ドル	77.56	77.51
ニュージーランドドル	74.40	74.54
香港ドル	14.34	14.28
シンガポールドル	80.36	80.13
サウジアラビアリヤル	29.84	29.70
U.A.E.ディルハム	30.33	30.19
タイバーツ	3.59	3.58
インドルピー	1.73	1.73
パキスタンルピー	0.83	0.83
クウェートディナール	365.82	364.10
カタールリヤル	30.45	30.30
インドネシア100ルピア	0.90	0.90
メキシコペソ	6.72	6.67
韓国100ウォン	9.41	9.39
フィリピンペソ	2.28	2.27
南アフリカランド	9.22	9.30
チェココルナ	4.87	4.85
ロシアルーブル	1.97	1.96
ハンガリーフォリント	0.39	0.39
ポーランドズロチ	29.65	29.57
▽みずほ銀		
中国人民元	16.11	16.04
トルコリラ	21.79	21.64
台湾ドル（参考値）	3.51	3.48
▽ブラジル銀		
ブラジルレアル	30.76	30.71

「ポンドの為替」はここをチェック!
出典：日本経済新聞 2019年7月27日付朝刊

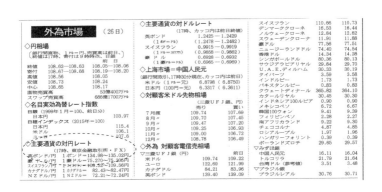

ここまで見てきたように、相場というものには万人が参加できますし、まったく自由な場所です。そして大きな市場であるために、腕力や金の力で操作はできません。自然体ですから、正確な方向が出るのでしょうね。

そんな数字を追っていくことは、とてもエキサイティングですし、**世界の経済の流れを予測するトレーニングとしては最高**です。

ここでぜひ、自分が追いかける指標を1つから3つ、決めてみてください。途中で変えてもいいので、とにかく始めてみることです。

1月、4月、7月、10月には、IMFの「四半期レポート」に注目

もう1つ、年に4回しか発表されない、とても重要な数字についてご紹介しておきます。**IMF（国際通貨基金）の「四半期レポート」**がそれです。

世界を精密検査した結果は、OECDやIMFなどあちこちで公表されてい

	2017年	18年推定	19年予測		20年予測	
世界	3.8%	3.7%	3.5%	−0.2	3.6%	−0.1
先進国	2.4%	2.3%	2.0%	−0.1	1.7%	0.0
米国	2.2%	2.9%	2.5%	0.0	1.8%	0.0
ユーロ圏	2.4%	1.8%	1.6%	−0.3	1.7%	0.0
ドイツ	2.5%	1.5%	1.3%	−0.6	1.6%	0.0
日本	1.9%	0.9%	1.1%	0.2	0.5%	0.2
英国	1.8%	1.4%	1.5%	0.0	1.6%	0.1
新興国	4.7%	4.6%	4.5%	−0.2	4.9%	0.0
中・東欧*	6.0%	3.8%	0.7%	−1.3	2.4%	−0.4
ロシア	1.5%	1.7%	1.6%	−0.2	1.7%	−0.1
アジア	6.5%	6.5%	6.3%	0.0	6.4%	0.0
中国	6.9%	6.6%	6.2%	0.0	6.2%	0.0
インド**	6.7%	7.3%	7.5%	0.1	7.7%	0.0
ASEAN 5カ国***	5.3%	5.2%	5.1%	−0.1	5.2%	0.0
中南米ほか	1.3%	1.1%	2.0%	−0.2	2.5%	−0.2
ブラジル	1.1%	1.3%	2.5%	0.1	2.2%	−0.1
メキシコ	2.1%	2.1%	2.1%	−0.4	2.2%	−0.5
中東・北アフリカほか	2.2%	2.4%	2.4%	−0.3	3.0%	0.0
サハラ以南のアフリカ	2.9%	2.9%	3.5%	−0.3	3.6%	−0.3
南アフリカ	1.3%	0.8%	1.4%	0.0	1.7%	0.0

〈白背景部分は2018年10月時点の予測との比較（%ポイント）〉
（出所：IMF「World Economic Outlook Update, January 2019」）

IMFの世界経済見通し
出典：日興アセット

主な先進国(上)、新興国(下)の経済成長率
(2019年予測、2020年予測)

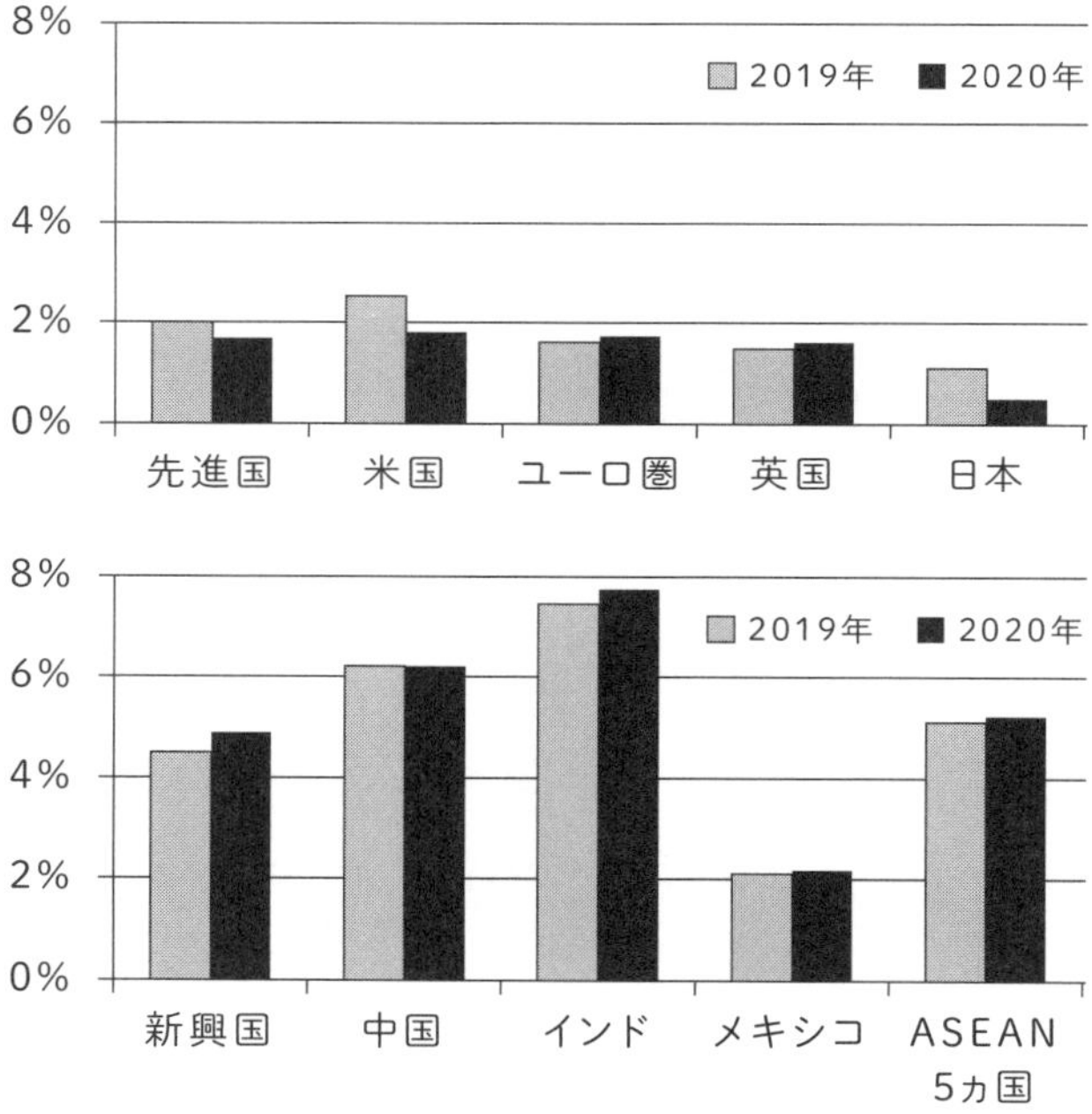

*ロシアなど、CIS(独立国家共同体)構成国を含まない
**年度ベース(上記各年の4月から翌年3月まで)
***インドネシア、マレーシア、フィリピン、タイ、ベトナム

IMFの世界経済見通し

出典:日興アセット

ますが、個人的にはこれが一番わかりやすいと思っています。

これは、世界全体の経済成長率を予想しているもので、新興国と先進国に分けて、その全体像を見せています。日本は、4月から年度が始まり3月に終わるのですが、あえてカレンダーイヤーに引き直しているようです。**前四半期からの変化率もあわせて発表される**ので、そこにもよく注目されます。

世界はこのペースで動いています。四半期ごとに出てくるIMFの数値は、世界の将来を見るうえで大変参考になります。1月、4月、7月、10月に日経新聞でも必ず報道されています。

原文はかなり厚いものですが、数値やポイントの解説も出てきますので、見逃さないようにしましょう。

そのうえで、それぞれの指標を、日々の日経新聞で追っていけば完璧になります。

ただ、あれもこれもといろんな指標を追っていくよりも、いくつかに絞り込んだ方がいいのは、先述のとおりです。

どこを見ていいかわからないときは――

4

着眼点のポイントは、「A、B、C、D、E、F」

経済のニュースをはじめ、日々多様な情報で埋め尽くされている日経新聞。毎日欠かさず読んでいくには、根気も必要です。

ところで、経済の初心者は実際の日経新聞の記事のどこに着目し、どのように経済の先行きを予測すればいいのでしょうか。

こう聞かれると、私は次のようにお答えしています。

まずは、「A、B、C、D、E、F」に着目せよ、です。

つまり、「A、B、C、D、E、F」から始まる6つの要素に着目するのです。

語呂合わせはよく批判されますが、こうす

れば覚えやすいですし、この6つのアルファベットに関しては完璧です。

この6つが、世界を取り巻くあらゆる最重要テーマをカバーしてくれます。**この関連記事を追うだけで、世界が鮮明に見えてくるでしょう。**

では、この「A、B、C、D、E、F」とは、それぞれ何のことなのか、どこが注目すべきポイントなのか、順に見ていきましょう。

これからお話しする基礎知識を読んでおけば、日経新聞の記事を読んだときの頭への入り方が違ってくるはずです。

「A」=アメリカ問題の見方、その追い方

Aは「America（米国）」です。予想が当たったでしょうか？

野球の日本シリーズにあたるものは、米国では「ワールドシリーズ」と呼ぶそうです。アメリカはそれだけで世界なのです。

日本も、世界経済の1割国家といわれた時期があります。人口は、世界の1・5％程度で、経済は10％。素晴らしいパフォーマンスの国でした。しかし、バブル崩壊以降、徐々にその水準を下げています。

逆に米国は、およそ3％程度の経済成長を続けて、**今では人口で日本の2・5倍、経済規模で3・5倍**だと覚えておくといいでしょう。

この世界第1位の超大国の政治経済を理解しなければ、世の中をわかったことになりません。

というわけで、この項は「America（米国）」から始めることにします。

日経新聞を開くと、必ず米国大統領に関する記事が出ています。米国大統領は大権を与えられていますので、民主的に選ばれた国王ともいえるでしょう。

その選挙が、4年に一度ありますので、その2年前から、誰が候補かとか、現職はどうなるかといった話が新聞を賑わせます。

また、その中間地点では、中間選挙が行われます。ここでは、米国の下院議

バブル崩壊
バブルは、オランダのチューリップ投機や、その後1720年前後にフランスと英国で相次いで発生した株式投機が有名です。特に英国の南海会社は、バブルの語源となっています。

員全員と、上院議員の3分の1が選ばれます。したがって、2年に一度、選挙が大きな話題になります。

今後の話題は、トランプ大統領が2020年の選挙に勝ち、2期目を迎えられるかという点と、民主党は誰が候補者になるかという点になります。米国の政治問題から目が離せません。

また経済では、世界一の規模と軍事力に裏打ちされたドル発行元ですから、あらゆる事案に絡んできます。

米国は、日本の早朝に夕刻を迎えますので、ウォールストリートで、株価や為替、金利がどのように動いたかは、日経新聞の朝刊には間に合いません。

印刷が始まるぎりぎりの時間まで、株価や為替についてコメントがなされています。その後、大きな変化があった場合はやや興ざめですが、大きな流れは追うことができると思います。

2008年のリーマンショックは100年に一度の事件だといわれますが、

10年の月日がたって、世界経済も順調に回復してきました。

ショック後、ただちに低金利政策がとられた米国も、すでに金利は長期も短期もいったん上昇し、現在の失業率は最低水準に低下しました。

その後、インフレを心配する動きからの対応もありましたが、現状は10年の国債で見る長期金利も、「FFレート」と呼ばれる短期金利もほぼ同水準となり、むしろ**未来の経済停滞を暗示するといわれる、長短金利の逆転**となっています。

短期金利が長期よりも高いという異常事態の米国は、短期を下げはじめました。結果、ドル安になり、円高が想定されます。すると、マイナス金利のわが国は打つ手に困ってしまいます。というわけで、米国の経済金融政策からも目が離せません。

まとめて言うと、各**オリンピックイヤーに行われる大統領選挙と、その前年の好景気・株高には注目すべきでしょう。**

次のページの表は、大統領選挙前年のニューヨークダウの年間の上げ幅です。

２０１５年は下落していますが、その年以外は、軒並み上昇しています。

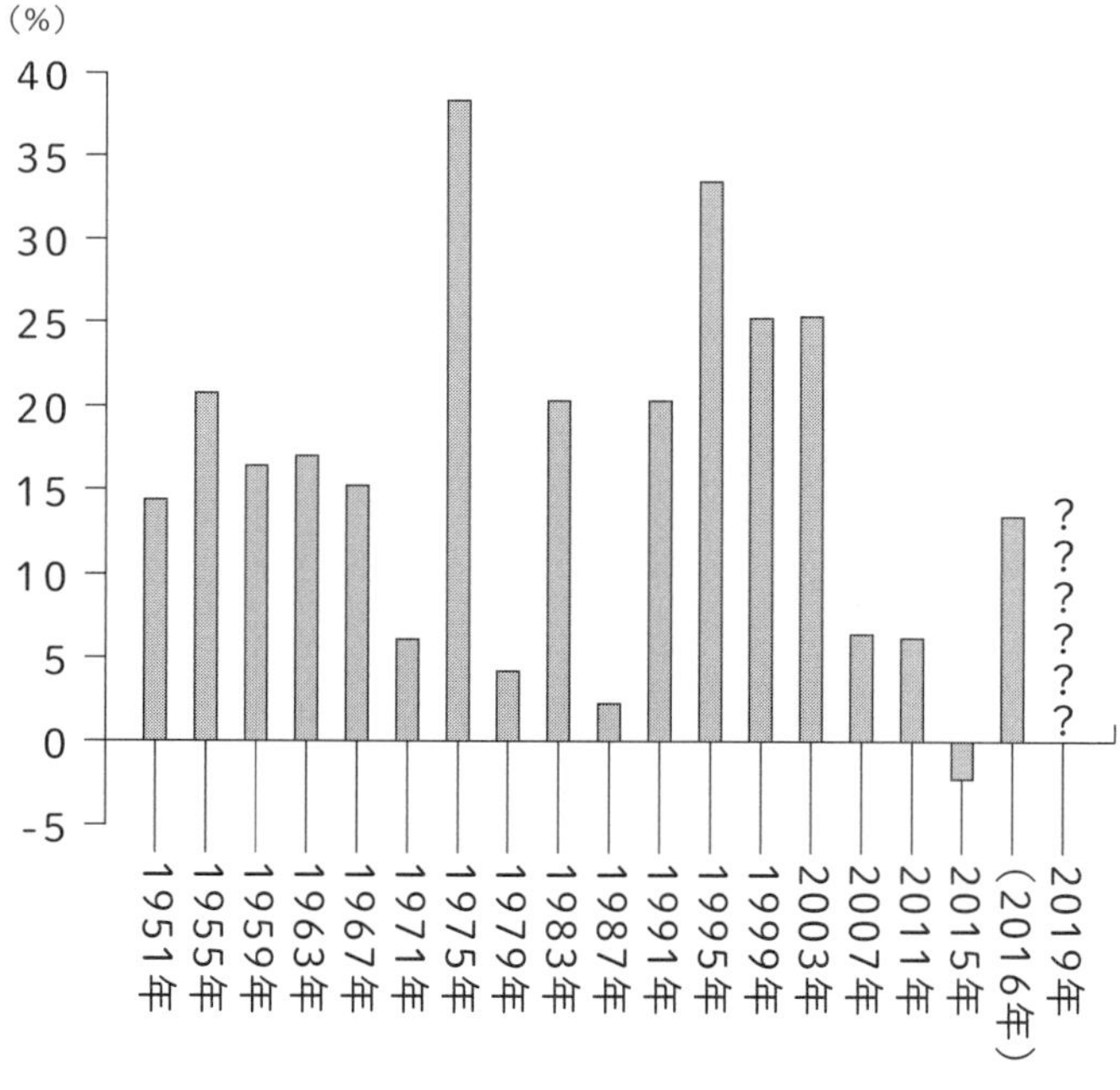

米大統領選挙前年のニューヨークダウの年間上げ幅

理由は簡単で、現職の大統領は翌年の大統領選挙で当選したいので、企業や有権者に有利になる経済政策をとると考えられるからです。

唯一、2期目が終わったオバマ大統領は、安心したのか手綱を緩めてしまいました。おかげで、と言えるかはわかりませんが、民主党のヒラリー候補は、共和党のトランプ候補に敗れてしまったのです。

過去、2期目を目指す大統領は、必死で株価対策をしています。結果はどうなるのでしょうか。

「B」＝「BREXIT」または「BRITAIN」とEU

本当は2019年3月29日に、この問題は解決しているはずでした。

英国がEUから離脱するかを問うた国民投票がなされて、時のキャメロン首相にとっても、世界にとっても離脱は想定外であったために、あちこちで大混

「BREXIT」
BritainとExitからなる造語。イギリスがEUから離脱すること。

乱が起きています。新首相の登場でさらに大混乱です。

本項では、Bすなわち、「BREXIT」としていますが、この問題が解決したあとは、「BRITAIN」とEUにすることで、あくまでもBにこだわるつもりです。


もともと英国と欧州大陸は、別の動きをするものでした。現状、英国はEUのメンバーですが、通貨ユーロを利用していません。

英国は現在のところ、世界の金融センターであるロンドンシティのおかげでその地位は別格ですが、**EUから離脱した段階でシティの役割が失われていきます。**

それを見越して、大陸の各都市が新しい金融センターとして名乗りをあげていますが、BREXITがはっきりしない間は身動きがとれません。

新たにニューヨークまでもが、国際金融センター地位強化を目論む構えさえありますが、こちらもいくつか問題があるでしょう。

また、英国は北アイルランドを領土としていますが、EUのメンバーである

通貨ユーロ
事実上のドイツマルクなのでしょうか。南欧諸国は、通貨ユーロ導入で初めて強い通貨となったことで、逆にギリシャ危機やイタリア、スペイン、ポルトガルの経済危機が起きてしまいました。経済危機が起きても自国の通貨が存在すれば、通貨暴落で輸出や観光収入が飛躍的に拡大し、反転する可能性がありますが、ユーロでは無理。元の通貨に戻すことは逆に困難だとわかり、ギリシャは大変苦労しました。

アイルランドとの間には、現状では国境が事実上存在しません。ビジネスも同一の国と同じ感覚でなされています。

ひとたび英国がＥＵを離脱した場合、英国唯一の陸の国境となるのですが、すべての道に検問所を設ける必要が出てきます。

検問とともに、税関も必要になるでしょう。すでに製造業などでは、国境が存在しないものとして、工場の配置などがなされています。

では、北アイルランドだけ特別にＥＵに残るのはどうか、という説もありました。しかし、北アイルランドが英国からの独立を目指して、テロや殺戮が長く続いた時代を考えると、再びこの問題がよみがえってきてしまいます。

このように、ＥＵはすでに一体化されているために、ここからの離脱には大変大きな障害があるのです。

英国も問題含みですが、欧州全体も折に触れ、移民問題や統合の理想主義と現状とのギャップなどの問題が見えてきます。

欧州中央銀行が存在しながら、各国に中央銀行や財務省が存在するなかで統

ロンドンシティ
米国のウォールストリートと並ぶ世界の金融センター。「シティオブロンドン」とよばれる、ロンドンの中にある1・5㎞四方の小さな地区。証券取引所や中央銀行があるので、金融センターとしてその地位を独占してきましたが、英国がＥＵから離脱した場合、極めて不利になり、今後が心配されます。

合したため、比較的弱い南欧と巨大経済国ドイツとのせめぎ合いが必ず起きてしまうのです。

欧州全体の域内格差、移民政策なども、よく日経新聞紙上に登場する問題です。

「C」＝中国をフォロー

世界で一番人口の多い国は中国です。50年前は、ただそれだけの国でした。世界の目は冷戦の主役である米国とソ連との関係に向いていましたが、ソ連邦崩壊と入れ替わるかのように、世界の中心に飛び出してきたのが中国です。

中国経済の規模は、平成元年には日本の8分の1でしたが、**平成の終わりには日本の2倍**となっています。

工業力の尺度の1つに**「鉄鋼生産量」**があります。中国はすでに日本の10倍

欧州中央銀行（ECB）
ECBは「通貨ユーロの番人」といわれています。このほど、イタリア人のドラギ総裁の後任は、IMF（国際通貨基金）の専務理事で元フランス蔵相のラガルド女史になる予定と発表がありました。

程度の能力を持ち、8倍程度も生産しているようです。

また、米ソ冷戦時代は両国間の貿易は、基本的には存在しない状態でしたが、現在米中貿易は、世界のどこよりも活発で、また不均衡でもあります。

そこでトランプ大統領の時代となって、米中貿易摩擦問題やハイテク技術、とりわけ次世代の**5G技術**は、中国が先行しているとして、いくつかの大問題が発生しています。

また、自動車の新車販売台数は、米国をはるかに凌駕し、2600万台前後と**日本の5倍以上の市場規模**となっています。

一党独裁の社会主義体制は、むしろ短期的には資本主義と親和性があるようで、経済発展を謳歌しているようです。

しかし、環境問題や言論封殺、少数民族や香港問題などさまざまなひずみも露呈しており、中国関連の記事が日経新聞に載らない日はありません。

米中貿易摩擦問題
くわしくは103ページ。

「D」＝デジタルの時代

新聞紙上に登場する新技術を一応「デジタル」と呼びましょう。目新しいものはすべてデジタル。ネットの世界や仮想通貨、なかでも今後の世界をリードするのは、ＡＩとロボットだとされています。

最近では、メガバンクの採用が激減したのは、ＡＩに置き換えられるからだといわれています。知能労働は紆余曲折が想像されますが、ものづくりの現場では、むしろＡＩとロボットが最適なコンビネーションになると予想されます。

日本電産の創業者でＣＥＯでもあるカリスマ経営者の永守重信氏は、日経新聞のインタビューに答えて、**２０３０年には世界の主な工場が完全自動化**になると発言しています（２０１９年4月7日付）。

さらに**２０５０年には、５００億台のロボットが働く**としています。想定される世界の労働人口の実に5倍の数のロボットが動いていることになります。

ＢＩ（ベーシックインカム）
生産性が高まれば、人は働く必要がなくな

すべての製造業で自動化が進めば、人が働く場所が消えてしまうのは自明です。その場合、購買力も消滅してしまうに違いありません。

そこで、ＡＩが進めば、**ＢＩ（ベーシックインカム）**が必要になるという議論もあります（ＢＩについては、１０５ページでもお話しします）。

空からお金が降ってくるような感じですから、人によっては怠け者になるでしょうし、人類の発展には必ずしも良いことではないかもしれません。

実際、スイスでは27万円相当を配ろうという話がありましたが、投票で否決されたはずです。こちらも、今後の動向から目が離せません。

「Ｅ」＝ＥＶが記事にならない日はない

一時は、自動車メーカーとして時価総額で米国最大となり、ホンダを追い抜いたＥＶ自動車メーカーの星**「テスラ」**。

「ベーシックインカム」
ります。しかし、購買力がなくなるので、経済は回らなくなります。そこで、人々に労働の対価ではなく、所得を支払えばよいのではないかとの考えのもと、「ベーシックインカム」が生まれました。すでに実験が行われています。

「テスラ」
もともとはチェコの科学者の名前。トーマス・エジソンのような人だそうです。電気自動車の当面の王者、イーロン・マスクが社名に選びました。テスラ車の年間生産台数は、まだ数十万台にすぎない規模です。

その創業者**イーロン・マスク**を中心に置いた、**EV、すなわち電気自動車**の話題が日経新聞に載らない日はないようです。

マスクは、ほかの先端産業でも事業家精神を吹き出しています。月旅行を目指す会社を立ち上げ、日本の事業家・前澤友作氏が月旅行顧客第1号になることが、2018年に話題になっていました。

世界の巨大産業である自動車産業は、現在曲がり角に来ています。かつて自動車が担った富や成功の象徴としてのアイテムから、移動手段にすぎない（MaaS）と認識が変わり、新しい自動車コンセプトである「CASE」に向かうことで地殻変動が起きています。

「MaaS」とは、「コモディティ化」のことでしょう。かつては自動車を買うのは、夢の実現でした。トヨタだ、日産だ、カローラレビンだ、スカイラインＧＴＲだと大騒ぎをしたものです。

しかし、駅前でタクシーに乗るのにブランドは関係ないように、運んでくれれば何も問わないというのが「MaaS」なのでしょう。一部の車以外徐々に

「MaaS」
「モビリティ・アズ・ア・サービス」の略。経済合理的な選択としてMaaSは話題性が高い。安全で快適であれば、ブランドは問わない時代、自動車を機能として考える時代が来ています。

そうなると、自動車がコモディティ化するということです。

一方の**「CASE」**のEはEVですが、A（自動運転）やC（つながる自動車）、シェアすなわちレンタカーのようなものから、月々お金を払えば、新しいモデルの車を使える**「サブスクリプション」**まで、自動車産業は多数の新しい挑戦を受けています。

サブスクリプションもすでに始まっており、一定金額を払えば最新のレクサスが使えるようです。

ともかく、EVを主軸に自動車産業は新しい局面を迎えることになります。

さらに言えば、EV車は各自動車からのCO_2の排出はないのですが、工場や発電所からは従前と同様にCO_2が排出されることが心配されます。

したがって、**SDGs（持続可能な開発目標）**に見合った自動車の最終型はEVではないのかもしれません。

コモディティ
お金を出せば、1キロX円のようにいくらでもどこでも買える商品となってしまったことを、「コモディティ化」したといいます。

「CASE」
自動車業界人のお題目となってしまったのがこれ。Connected（コネクティッド、車とメーカーや運転者の自宅がつながっていること）、Autonomous（自動運転）、Shared & Services（カーシェアリング）、Electric（電気自動車）の頭文字からなる。これらが自動車産業の未来像だそうです。

そのあたりのことを頭に入れて、いわゆるCASEやMaaSを追ってみるとよいでしょう。

「F」＝ファイナンスは「すべてのケリをつける」という意味

米国映画の終わりはENDとなりますが、フランス映画ではFINです。フランス語からも、英語のFINISHからも想像できるように、FINには「終わらせる」という意味があります。

FINANCEは「金融」と訳します。FINISHの類語で「経済活動にカタをつける」という意味なのでしょう。

人や物が動けば、最後は決裁です。不足すれば資金を調達し、余れば資金を運用します。これをFINANCEというのです。

「サブスクリプション」
新しい販売モデル。定期購読するように物を売り、物を買うこと。種々の費用がなくなるので、魅力的な値段を提示できるようになります。トヨタは、試しにレクサスをサブスクリプション市場に提供しています。今後も、サブスクリプションがらみで新ビジネスが多数登場してくるでしょう。

特に、日経新聞の場合、金融が大きな目玉ですから、紙面に登場するすべての金融情報を追う必要があります。

政府部門、企業部門、家計部門からの資金のやり取りは、すべてニュースの対象になります。特に、外国の金融市場の動きは、直ちにわが国に影響を与えてきます。

わが国は、現在家計が金融の担い手ですが、個人資産を1800兆円も貯め込んでいます。また、企業も金を貯め込んでいるとされています。

逆に、**政府部門の公的債務は異常値**ともいわれ、**中央銀行である日銀は、日本の経済規模と同じくらいの資産規模を持ち、**さらに株式を30兆円近くETF(上場投資信託)という形で保有しているようです。

そんな中央銀行は見たことも聞いたこともないのですが、金利が上昇することもなく、為替が急落することもない状態が続いています。

次に重要なのは、企業の資金調達に関するニュースです。

新しい企業が生まれ、証券取引所に上場するのはめでたいことです。逆に、資金繰りにつまって破綻する企業も出てきます。それらをいち早く報道するのが日経新聞の役目です。

さて、日本では資金に最も余裕のある個人が、金利のつかない銀行にお金を預けて、投資には目を向けようとしない傾向があります。これは、世界各国と比べて極めて特異な存在です。

株式を購入するとしても、株主優待や利回りに目が行くようです。

米国のGAFAやFAANGといわれる銘柄には、優待はまったく存在せず、配当も長い間、無配の会社が多いのです。考え方としては、お金は我々の会社に置いておくのが一番効率がよいという主張なのです。

わが国でも、個人層の資金が動き出すときがくれば、社会が大きく変化するでしょう。

株主優待
英国の鉄道会社で始まった制度のようですが、海外ではほとんど話題になりません。逆に日本では、個人が株式投資をするうえでの大きなインセンティブになっているようです。しかし、株主の平等原則に反するという意見もあります。優待ではなく、配当を受け取って好きなものを買えばいいと思いますが、不思議な国・日本の一面といえます。

以上が、おすすめの着眼点のポイント、「A、B、C、D、E、F」でした。

これらの切り口で、日々日経新聞を読んでいけば、大きな変化を見落とすことはありません。

継続的なインプットのために

5

自分のテーマを決めて、1年間追いかける

数字を追いかけるのとは別に、**1年くらい継続して追う「テーマ」を1つは持ってください。**

①すぐには結論が出ないこと、②関係者が多いこと、③賛否両論があること、などがその基準となります。

今の世界の大問題といえば何でしょうか。たくさんあると思いますが、やはりその1つは**「米中貿易摩擦」問題**ですね。

あるいは、私なら、**「ベーシックインカム」問題**を追いかけます。これも深い問題です。

どういう問題で、どこがポイントなのか、ちょっとひも解いてみましょう。

例1「米中貿易摩擦」問題

93ページで軽く触れましたが、もう少しくわしく見ていきます。1990年までは、世界の大問題は東西冷戦でした。そして冷戦が終結し、東西ドイツが統合しました。

一方、中国は80年頃から独自に開放政策を継続し、社会主義でありながら資本主義的な運営で驚異的な成長を遂げています。

経済規模は日本を抜いたばかりか、すでに2倍になっているようです。日本の経済規模3・5倍の米国もいつか追い越しそうですね。

米国は大幅な貿易赤字、円でいえばおよそ50兆円もの赤字を抱えていますが、半分が対中赤字です。

米国は中国から工業製品を買い、中国は米国から農産物を買っていますが、トランプ政権になって、この問題に焦点を当てはじめました。これが、すなわち、「米中貿易摩擦」です。

先ほどもお話ししたように、東西冷戦時代は、当時の米国とソ連の間に貿易問題はまったく存在せず、戦争の可能性だけでした。しかし、現在の米国と中国は、貿易によってほかのどの国よりも深く結びついてしまったのです。特に5G技術に関しては、中国は米国と並ぶレベルになっており、米国に危機感があるというのが、この問題です。

今後の国際覇権争いはどうなるのか。この問題もすぐには見えてきませんので、長期的に追求できるテーマでしょうね。

「米中貿易摩擦問題」をテーマに選んだのであれば、これからこの問題を報道する記事を追いかけ、1冊の特別スクラップブックに貼っていくといいでしょう。

例2 「ベーシックインカム」問題

ある自動車会社のトップが言いました。「これからは、工場をロボットとAIですべて無人化していこう」。カメラ会社の社長がそれを聞いて、「わが社も同様にしよう」、と。

これで組合問題も昇級問題もセクハラ問題も、すべて解決するだろうと祝杯をあげようとしたところに、小売業の社長が「これは大変だ」とひとこと言いました。

「いいお話ですね。でも、工場や事務所にロボットやAIが多数入るのはいいですが、そうなると、カメラや自動車を誰が買うのでしょうか？」と小売業の社長は他人事のように質問しました。

なるほど、労働をしなくては対価のお金がもらえないため、消費がなくなってしまう、という問題です。

この対策としては、欧州では「ベーシックインカム」といって、生産性が高くなった分、政府が国民に広くお金を配ることにするという考えがあります。95ページでも見てきたように、スイスでは国民投票が行われて一応は否決されたようです。

ロボットとＡＩが社会をどのように変えていくのは、結論が出ない話題です。国民の民度や人生観にもよると思いますが、みなさんならどう考えますか？

いかがでしょうか。イメージがわいたでしょうか。

まず、テーマを選びましょう。これこそ時間をかけて、チョイスする必要があります。**テーマが決まったら、ひたすら記事を読み込むことです。**

テーマが見つからないという人には、「日産ゴーン事件」という格好のテーマを差し上げます。今日から、日経新聞の記事を追ってみてください。

「日産ゴーン事件」
日産の前ＣＥＯカルロス・ゴーンの逮捕劇です。名士から拘置所生活へと落ちたのだから、本人が一番驚いたでしょう。この事件で、日本の司法制度の暗部が外国に明らかになりました。有名弁護士が登場し、特捜部やフランス政府、ルノー、経産省が絡むなど、複雑怪奇になっています。

とりあえず1年間は……

6

「日経電子版」の存在は忘れる

最初に言います。**ひとまず1年間は、電子版の存在をきれいさっぱり忘れてください。**

この本で、紙版の日経新聞の読み方をみっちり体得した後で初めて、1つの選択肢として電子版があると考えてください。

もちろん、電子版の良さはたくさんあります。

あらためて言うまでもありませんが、記事の検索や保存には、きわめて有効なツールです。

それでも、最初は紙版をおすすめします。**紙でも電子でも、毎日届いたら手に負えなくなります。**紙版は必要なときにコンビニなどで買うことができますが、電子版をいったん購読したら、必ず毎日届いてしまいます。

それでは、消化不良が起きてしまい、日経新聞嫌いが生まれるだけになってしまうのです。


商船学校では、将来の大型船の船長を養成するのですが、その際、最初に帆船を利用して風や波といった自然の力を学んだそうです。

新聞も、素手で切ったり、貼ったり、書き込んだりを生々しく行えるように、当初は紙版を使うべきだと確信しています。

新聞をたたむ音、インクの匂い、そして赤ペンで書き込んだ記事を切り取り、不ぞろいに貼りつけることで、いろいろな情報が脳みその襞にたまっていきます。ハサミで切り取ってつくったスクラップブックは、宝物になるでしょう。

一定の時が経って紙版の扱いをマスターしたならば、電子版も１つの選択肢としていいでしょう。検索もお手のもの、備忘的スクラップも簡単にできるようになります。

しかし、繰り返しますが、その域に達する前に電子版を購読することはおすすめしません。

まずは、最低1年は紙版にこだわってみてください。その後は、手になじむ方を選んでいただきたいと思います。

Column

音読する

数字とはあまり関係ありませんが、こんなインプットのやり方もご紹介しておきましょう。

タイトルを見て、「なぜ音読？」という声を発した方がほとんどかもしれませんね。みなさんは、中学校以来、まじめに声を出して本を読んだことはありますか？

小学校の国語では、音読がありました。覚えていますか？　これが力になるのです。**音読は脳にも刺激を与えるそうです**。すなわち、目で追い、声に出して耳で聞き、脳で再確認することになるからです。

この音読法には、絶対の自信があります。ただし、何でも読めばいいというわけではありません。

では、何がいいのでしょうか？　残念ながら、「社説」ではありません。

実は、1面の下にある、日経新聞の縄のれんという感じのコラム**「春秋」**が一番おすすめです。これは短いながら、記者の努力がにじみ出ているコラムです。

これを卒業したら、各界の有名人が匿名で書いているコラム**「大機《たいき》小機《しょうき》」**に進むべきでしょう。

特に、「大機小機」は、好きなことをペンネームで書いていますので、果たしてこれは誰だろうという興味もわきます。有名な経済学者や研究所の幹部、日銀の元総裁・副総裁クラスもいるかもしれません。

当分は、まず「春秋」から始めてみましょう。しばらくしたら、「大機小機」、その後でまた「春秋」に戻ることをおすすめします。

Column

書き写す

これも、「どんな意味があるの？」と言われそうですが、ぜひともやってみたいことです。

みなさんが、書写を最後にやったのはいつでしょうか？　多くの方は、思い出せないでしょうね。

50年も前は、私の周りにも小説で生きていこうという学生が何人かいました。今、声優になりたい人と同じくらいの比率だった気がします。

当時、小説家になるには、名前をすでに成した先生に弟子入りして目指すのが普通でした。雑誌社に入って大先生の担当になったのを機に、先生の作品をすべて書き写して覚えて、先生を驚かせたという話も聞いたことがあります。

書写をすると、音読するのと同じぐらい、極めてよく力がつきます。

前節の音読に登場した「春秋」や「大機小機」を書き写してもいいのですが、最高の材料が、日経夕刊（一部地域では朝刊）に出ている**「あすへの話題」**です。日替わりで数か月続きます。

日経新聞は経済の話題が多いですが、このコラムは自由形です。

書き手は有名人が多いですが、いろいろな世界の方々がいます。毎週同じ人を写してもいいですし、ときどき変えてもかまいません。

私に関係することを一言だけつけ加えると、二人いる自分の子どもに、この作業を徹底してやらせました。そのおかげでか、二人とも有名大学に過不足なく合格しました。

本人たちはわかっていないと思いますが、**良い文章を書写すると文章力が上達することになる**のです。

みなさんも、さっそく「あすへの話題」の書写を始めてみてください。

第3章
中級編

さらに
効率よく記事が
読めるように
なるコツ

第2章では、「初級編」として、ひとまず必要な情報だけ「インプット」する技術をご紹介してきました。

もしみなさんが、仕事で同僚よりもリードしたいと思うなら、それだけでは不十分です。**もう一歩踏み込んで、より多くの情報を、しかも効率よくインプットできるようになる必要があります。**

そうなるためには、やはりコツがあります。この第3章では、私がおすすめするものをいくつかご紹介していきましょう。

なかには、「インプットのためのインプット」ではないか、と感じる項目もあるかもしれません。

ただ、**知っておくべきことをしっかり頭に入れた状態で記事を読むと、すらすら読めて理解が格段に深まる**ものなのです。

そのことを、ぜひみなさんにも体験していただきたいと思います。

効率よく記事が読めるようになるコツ①――

1

企業トップの「顔と名前」を覚える

まず1つ目は、**「企業トップの『顔と名前』を覚える」**です。

みなさんが毎日使っているグーグルやフェイスブックのCEOや創業者の顔を見たことはありますか？　おそらく、写真で見たことがあるはずです。

電気自動車のテスラのイーロン・マスクの顔も同様でしょう。知らないのはまずいですよ。毎日のように日経新聞に載っています。

これら、**世界的に有名な企業トップの顔と名前を覚えておくと、その企業の動向から目が離せないようになるのでおすすめです。**

テスラ
くわしくは95ページ。

海外企業は20社覚える

もちろん、100社も覚える必要はなくて、ひとまず20社くらいでOKです。必須なのは、「GAFA」(グーグル、アップル、フェイスブック、アマゾン)や「FAANG」といわれる米国のプラットフォーム型企業や、テスラ、UBER、Airbnbなどの話題性のある会社です。

マイクロソフトのビル・ゲイツは知っているでしょうか? フェイスブックのマーク・ザッカーバーグはどうですか? アマゾンのジェフ・ベゾスも覚えましょう。

では、アップルはどうですか? 創業者のスティーブ・ジョブズは50代で亡くなっています。後任は誰ですか? ティム・クックですね。

有名すぎるアリババ(集団)の創業者はジャック・マー。すでに退任していますが、アリババといえばこの人ですね。

「FAANG」
GAFAよりも前に流行した言葉。こちらには「ネットフリックス」が入っています。ちなみに、「FANG」そのものには「毒牙」という意味があります。

UBER
米国ではすでに上場され大成功のビジネスモデルですが、日本では遅々。「UBER Eats」という地域共同出前サービスが始まってはいますが、日本ではなかなか規制が厳しいようです。

このように、**世界的企業の有名トップのリストをつくりましょう。**一覧表が載っている本はたくさんありますが、それを見るだけだとすぐに忘れてしまいます。

したがって、ここでは表を載せたくないのですが、ほんの一例ということで、海外の有名経営者20名のリストを載せます。

もう一度言いますが、自分でリストをつくってこそ、それが活きてくるのですよ！

で、どうやって覚えるのか？

「海外の映画俳優を覚えるように、世界の著名企業家を覚えると、新聞を読むのが楽しみになるのはわかった。で、どうやって覚えればいいの？」と思われたかもしれません。

アマゾン
本のネット通販を始めた、ジェフ・ベゾスの大成功企業。アマゾンが興味を持たないビジネスに将来はない、アマゾンが参入したらアマゾンの総取りとささやかれています。米国最大級の時価総額を誇っています。

社名	社長名
アップル	ティム・クック
アマゾン	ジェフ・ベゾス
マイクロソフト	ビル・ゲイツ
フェイスブック	マーク・ザッカーバーグ
グーグル（アルファベット）	ラリー・ペイジ
アリババ	ジャック・マー（創業者）
テンセント	ポニー・マー
テスラ	イーロン・マスク
バークシャー・ハサウェイ	ウォーレン・バフェット
ネットフリックス	リード・ヘイスティングス
UBER	トラヴィス・カラニック
Airbnb	ブライアン・チェスキー
NIKE	フィル・ナイト
LVMH	ベルナール・アルノー
ZARA	アマンシオ・オルテガ
PayPal	ピーター・ティール
イケア	イングヴァル・カンプラード（故人）
FCA（フィアット・クライスラー）	ジョン・エルカーン（フィアット創業家直系）
元VW（フォルクス・ワーゲン）	フェルディナント・ピエヒ（ポルシェ創業者の孫）
サムスン	イ・ゴンヒ（創業家二代目）

押さえておくべき海外企業 20 社リスト

こっそり言うと、**顔写真が入った一覧をつくる**のです。すると、頭への入り方はまったく違ってきます。

顔写真を切り取って、スクラップブックに貼っていくのがおすすめです。普段使っているのとは別のスクラップブックを用意するといいかもしれません。

もちろん、単語カードも役に立ちます。

すると、覚えたそばから、日経新聞に登場してきます。覚えたばかりの名前や企業が新聞に登場するとうれしいものです。二度と忘れません。

日本企業は50社覚える

日経新聞を読みやすくするために、外国企業・経営者を20程度は覚えようと言いましたが、日本の企業・経営者は50人の顔と名前を覚えましょう。

日常生活に登場してくる商品を生産する企業を、どのような人が経営してい

伝説の企業人（1945年以前）	渋沢栄一	川崎正蔵（川崎重工）
	岩崎弥太郎	鈴木三郎助（味の素）
	安田善次郎	中島知久平（中島飛行機）
	豊田佐吉（トヨタ）	鮎川義介（日産）
	早川徳次（シャープ）	浅野総一郎
	五島慶太（東急）	古河市兵衛
	小林一三（阪急）	大倉喜八郎
	堤康次郎（西武）	野村徳七
	根津嘉一郎（東武）	金子直吉（鈴木商店）
	鳥井信治郎（サントリー）	野口遵（日本窒素肥料）
伝説の企業人（1945年以降）	松下幸之助（松下電器）	石橋正二郎（ブリヂストン）
	出光佐三（出光興産）	山内溥（任天堂）
	西山弥太郎（川崎製鉄）	伊藤雅俊（イトーヨーカ堂）
	宮崎輝（旭化成）	中内㓛（ダイエー）
	奥村綱雄（野村證券）	岡田卓也（ジャスコ）
	江副浩正（リクルート）	塚本幸一（ワコール）
	本田宗一郎（本田技研工業）	宮内義彦（オリックス）
	井深大（ソニー）	丸田芳郎（花王石鹸）
	盛田昭夫（ソニー）	小倉昌男（大和運輸）
	稲葉清右衛門（ファナック）	青井忠雄（丸井）
現役創業者型経営者	孫正義（ソフトバンク）	前澤友作（ゾゾタウン）
	柳井正（ファーストリテイリング）	似鳥昭雄（ニトリ）
	永守重信（日本電産）	安田隆夫（ドン・キホーテ）
	三木谷浩史（楽天）	滝崎武光（キーエンス）
	堀江貴文	山田進太郎（メルカリ）

（注：企業名は、名前を成した当時の社名）

知っておくべき日本企業・経営者50社リスト（例）

るのかを知ることは、日本の経済の動きに目を向ける絶好の機会になります。

たとえば、セブンイレブンを傘下にもつセブン&アイホールディングスのトップは、創業者の伊藤雅俊さんから鈴木敏文さんに代わり、やや騒動があったものの、現在の井阪隆一氏に落ち着いています。

ジャパネットたかたの高田さんや、ニトリの社長・似鳥さんは、みなさんも覚えているでしょう。ソフトバンクの孫正義さん、楽天の三木谷さん、日本電産の永守さんなど、創業者やオーナー家の企業トップは、メディアへの露出が多いので自然と覚えられます。

トヨタ自動車社長の豊田章男さんの名前も聞いたことがあると思います。みずほのトップや三菱UFJ、三井住友のトップはすぐには出てこないかもしれませんが、これも単語カードに書き込むなどして覚えるしかありません。

英単語と同じで、一度覚えると驚くほど日経新聞が読みやすくなってきます。国内外あわせて70社70人を覚えるだけでも長足の進歩があります。

ジャパネットたかた
テレビ通販の成功者。長崎県から全国制覇した伝説のオーナー経営者・高田明氏の会社。独特の語りで一世を風靡しましたが、表向きは世代交代しました。いや、世代交代中か。

三井住友フィナンシャルグループ
事実上は、住友銀行の連続線上にあるメガバンクグループ。住友系であった大和証券が離脱したために、急遽日興証券を手に入れて「SMBC日興証券」としています。

あとはメンテナンスの問題だけです。新聞の人事欄を見落とすことなく読んでおけばOKです。

あくまでも、私の例としてのリストを122ページに掲載しました。ぜひ、あなたのオリジナルの50名リストをつくってみてください。

効率よく記事が読めるようになるコツ② 2

ニュースに登場する内外高官も覚える

米国のトランプ大統領について知らない人は、さすがにいないと思います。ロシアのプーチン大統領も同様でしょう。

では、フランスや英国、ドイツはどうですか？　カナダは？　実は私も、イタリアの首相はよくわからないのですが……。

彼らは「G7」や「G8」のトップで、サミットがあれば集まる政治家でもあります。

そこで、G7・G8トップについても、顔写真スクラップブックの後半に政治家パートをつくって、メンテナンスをしておきたいものです。

ビジネスマンたるもの、カナダの首相の名前と顔や、英国やドイツの新首相の名前と顔はマストで覚えておきましょう。

まずは、「G7」のトップの名前を覚える

海外の政治経済トップの名前を覚えるだけで、新聞記事がよくわかるようになります。すでに触れたように、順序でいえば、「G7」のトップの名前でしょう。G7以外では、ロシアと中国でしょう。

ところで、「G7」とは何か知っていますか。「グループ・オブ・セブン」の略ですが、そもそも経済規模で世界の上から7か国という意味でした。

しかし、すでに中国が世界第2位となったことで、様相が変わってきています。むしろ、**「G20」**が形成されていますが、そちらは掛け値なしのトップ20か国です。

さて、G7サミットには各国のトップが集まるのですが、そのほかにG7各国の財務大臣・中央銀行総裁が集まる**「財務大臣・中央銀行総裁会議」**があります。

「G7」
参加国は、フランス、米国、英国、ドイツ、日本、イタリア、カナダ。ここにロシアを加えたのが「G8」。

「G20」
参加国・地域は、米国、英国、フランス、ドイツ、日本、イタリア、カナダ、EU、ロシア、中国、インド、ブラジル、メキシコ、南アフリカ共和国、オーストラリア、韓国、インドネシア、サウジアラビア、トルコ、アルゼンチン。

ここによく登場する人の名前や経歴を覚えておくと、とても便利です。ここでも、カード、手帳、写真ファイルが役に立ちます。

ともかく、G7の首脳、財務大臣、中央銀行総裁の名前を、日本のカウンターパーティーとともに覚えておきましょう。

特に覚えておくべきキーパーソンは？

各国ごとに見ていきましょう。米国のキーパーソンは、中央銀行である**FRBの議長**（中銀総裁）と、日本での財務大臣にあたる**財務長官**です。ともに、トランプ大統領と一緒に登場したので、今後も現在の布陣が続くでしょう。

トランプ大統領は、景気刺激を求めていますが、パウエル議長はインフレも不安ですから、この二人のせめぎ合いが当分日経新聞のネタとなります。

大臣
米国などには大臣というポジションはなく、全員がセクレタリーです。また、最も重要な外務大臣は、セクレタリーの中のセクレタリーとしてSecretary of Stateで「国務長官」と訳します。

FRB
Federal Reserve Boardで、米国中央銀行のことです。

ＦＲＢ議長は、現任者から3代前まで覚えておく必要があります。世界経済の盛衰はＦＲＢ議長のさじ加減で決まるといえるほど重要なキーパーソンです。過去の金融政策は現在にも通じますので、グリーンスパン、バーナンキ、イエレン各氏の名前も、現在のパウエル議長の名前とともに覚えておきましょう。

欧州では、**欧州中央銀行**の総裁の名前は外せません。欧州中央銀行の総裁はドラギ氏です。ＦＲＢのパウエル議長、日銀の黒田総裁とともに目が離せません。人事交代があった場合は、必ずアップデートする必要があります。

加えて、**イングランド銀行総裁**も押さえる必要があります。毎日のように日経新聞に登場する名前です。

中国では、**中国人民銀行の行長**を押さえます。

中国の中央銀行である中国人民銀行の行長は、長らく周小川が務めていましたが、現在は副行長だった易綱に代わっています。

欧州中央銀行
くわしくは92ページ。

中国人民銀行
中国人民銀行は中央銀行としての役割を持ちます。一方、中国銀行は海外に進出するための先兵的な銀行です。

国の代表だけではなく、国際機関のトップにも目を向けましょう。

キーパーソンは、**ＩＭＦ（国際通貨基金）の専務理事**です。ＩＭＦとは、お金の国連のようなものですが、そこのトップは代々欧州出身者で、多くの場合、元財相が充てられます。

現在のトップである専務理事はクリスティーヌ・ラガルド氏ですが、その前任者が世にも不思議な事件に巻き込まれて辞職しています（気になる人は調べてみてください）。


ではまず、Ｇ７を中心に、自分でリストがつくれるか試してみましょう。

Ｇ７各国のトップの名前、顔写真、経歴などを一覧にして、そこに財務大臣や中央銀行総裁を加えていってください（最低限覚えるべき人のリストを次ページに載せます）。

そのほか、アジアの主要国や国際機関のトップも同様にリスト化して覚えていきましょう。

米国	トランプ大統領	ムニューシン財務長官(財務大臣)
	ペンス副大統領	パウエルFRB議長(中央銀行総裁)
	ポンペオ国務長官(外務大臣)	
日本	安倍首相	黒田日本銀行総裁
	麻生財務大臣	
ドイツ	メルケル首相	
英国	ジョンソン首相	カーニーイングランド銀行総裁
	ジャヴィト財務大臣	
フランス	マクロン大統領	ルメール経済・財務大臣
イタリア	コンテ首相	
カナダ	トルドー首相	
EU(2019年11月就任予定者)	トゥスク欧州理事会議長(サッソリ)	ドラギ欧州中央銀行総裁(ラガルド)
	ユンケル欧州委員会委員長(フォン・デア・ライエン)	

特に押さえておくべきキーパーソン

第3章 中級編

効率よく記事が読めるようになるコツ③

3

「3文字英語」をたくさん覚える

日経新聞の困ったところは、常連の仲間うちの言葉を記事に埋め込んでしまい、新規に読みはじめた人に対して大きなハードルになってしまう場合があることです。

その最大の障害は、アルファベットの略号でしょう。たとえば、こんな感じです。

「市場全体は不調で、PBRが1を下回る可能性が出るなか、IPO数は順調に伸びている。これらのIPO銘柄は、むしろPERは高くなる傾向にあるようだ」

いずれの3文字英語も日経新聞では頻出のトピックスなのですが、意味を知らないとまったくわけがわかりませんよね。

逆に言えば、これから**3文字英語をたくさん覚えていけば、日経新聞の読みやすさはアップします。**

このことは前著でもお伝えしましたが、大事なことなので、本書でも繰り返しお話ししたいと思います。

というわけで、ここでは「日経新聞に出てくる3文字英語を覚える」というコツをご紹介します。一度覚えれば、簡単すぎるくらい簡単になります。マスターする必要がある3文字英語は30程度でしょう。

「IPO」「CSR」「SDGs」を知っていますか？

昨年、メルカリが上場しました。そのとき、「メルカリIPO」という言葉が新聞に踊りました。

メルカリ
「CtoC」の中古品売買の仲介というわかりやすいビジネスで大成功しました。2018年7月に大きな期待を込めて上場しましたが、その後の株価の動きはさえません。やっと日本発のプラットフォーム型のユニコーンが上場したと期待されましたが、海外型ビジネスは不発の様子です。

さて、この**「ＩＰＯ」**の意味はわかりますか？　Ｉは英語のイニシアルの略で「最初」という意味、Ｐは「公衆」という意味です。Ｏは「オファー」。すなわち、メルカリ社の**「新規公開公募」**という意味になります。

特に、財務や企業経営の分野では、英語３文字の略称がよく使われるので、覚える必要があります。

たとえば、企業経営の中心的なキーワードが**「ＣＳＲ」**（企業の社会責任）。企業のＣＳＲ活動例としては、環境改善活動、貧困地域での医療活動、障害者雇用やチャリティ活動などが挙げられます。

さらに、ＬＧＢＴやマイノリティ、多様性なども求められるのですが、これらを一言で**「ＥＳＧ」**と呼ぶことが多いのです。Ｅ（環境）Ｓ（社会）Ｇ（統治）です。

地球環境問題では、**「ＳＤＧｓ」**という言葉もよく出てきます。

世界は年間３％強成長しています。もしみなさんが、毎年体重が３％ずつ増加していくと、老人になる頃には２００kgとかになってしまうでしょう。

それでも人の場合は寿命がありますから、どうにかなるかもしれません。しかし、資源や環境に配慮しないと、いつの日か大変なことになるでしょう。それに気づこうというのが、「SDGs」(持続可能な開発目標)です。

これは毎日、日経新聞に登場している言葉です。

「ROE」「PER」「PBR」は何の略でしょう?

とはいえ、企業は最終的には利益追求が目的です。ですので、どれだけ資本を入れて、どれだけ利益を出したかの利益追求の尺度を測定するために、**「ROE」**(自己資本利益率)という基準を使います。

そもそも、資本主義では、投資すべき企業を比較することが重要になってきます。その場合、最終的には株価が市場で発見されます。

株価は1株の値段ですから、会社のその他の基準もすべて1株当たりで表示

ROE
「Return On Equity」の略で「自己資本利益率」と訳します。10%は欲しいとされますが、濡れ手に粟のビジネスでは異常に高い。低い場合はさらに良くないでしょう。

されます。会社の利益も、「1株当たりの利益」として計算され、比較するのに利用されます。

これを**「EPS」**（1株当たり利益）と呼びます。

「1株当たりの利益」がわかれば、株価はその利益の何倍になるのか、投資家は興味を持ちます。

それが、株価の割安・割高の一番の尺度として有名な**「PER」**（株価収益率）と呼ばれるものです。

また、会社には株主に帰属する財産がありますが、これも1株当たりの財産です。

これは**「BPS」**（1株当たり純資産）といい、**会社の安定性を見る指標**でもあります。そして、「BPS」に対する株価との比較を**「PBR」**（株価純資産倍率）と呼びますが、ときどき市場平均値で1倍を割ることさえあります。

通常、1倍未満だと会社を解散すれば利益となるので、1倍を割ることはありません。しかし、日本は半数近い会社が解散価値（純資産）を割っているのです。会社に魅力がなく、今後個別企業ばかりか、日本経済に対しても弱気の証拠ともいえます。

新しい企業が米国のように生まれてこないので、こんなことになるのではないかという意見もあります。ＩＰＯが少ないわけではなく、ＧＡＦＡ（グーグル、アップル、フェイスブック、アマゾン）のような、ＩＰＯのときからすでに巨大なユニコーンと呼ばれる銘柄が少ないというわけです。

少し脱線してしまいましたが、覚えておくと便利な3文字英語は30ぐらいです。次のページにリスト化しましたので、ぜひ覚えてみてください。

略称	意味	ざっくり解説
LCC	格安航空会社	出張の際、「LCC を使え」と言われて、「それって何ですか？」と聞かないように
pHD	博士号	名刺に印刷している人もいますね
MBA	経営学修士	米大手企業の幹部は、多くはこれです
BOJ	日本銀行	外国人は日銀をこう呼びます
FRB	米国中央銀行	どこにも銀行と書いていませんが、米国の中央銀行です
ECB	欧州中央銀行	欧州の中央銀行ですが、フランスやイタリアでは BCE といいます
IMF	国際通貨基金	通貨危機だと助けてくれます。早く出動して危機が悪化することもあります
CEO	最高経営責任者	社長のことですが、これを使う人もいます
CFO	財務責任者	昔であれば、財務担当の専務といったところです
COO	最高執行責任者	いわば副社長ですが、これが流行りのようです
CPA	公認会計士	読んで字のごとしです
CSR	企業の社会的責任	上場中の全企業がお題目としています
GDP	国内総生産	もう説明する必要はありませんね？
VAT	消費税（付加価値税）	欧州では、消費税とほぼ同義語でこの言葉を使います
ROE	自己資本利益率	最近の企業経営の流行りです。いくら金を入れたので、いくら儲かったという話
KPI	主要業績評価指標	コンサルタントが企業に乗り込んだら、これを振り回すことも？
SPA	製造小売り	成功している小売業のからくりです。問屋から買うのではなく、自分で作ります
POS	販売時点情報管理	この管理の天才はコンビニです。おにぎりを買う間に中年男などとインプットされています

覚えておきたい 3 文字英語
初出：『図解とりあえず日経新聞が読める本』（ディスカヴァー）を一部改変

略称	意味	ざっくり解説
LNG	液化天然ガス	原発の休止中に大活躍です。タクシーもこれで走ります
TSE	東京証券取引所	ニューヨークがNISEなら、こっちはこれだ
FDI	海外直接投資	先生が1年間叫びましたが、日本語訳がわからなかった学生がいるとか、いないとか
ETF	上場投資信託	日銀がREITとともに買い込んでいます。実質、株ですね
WTI	西テキサス産原油	北海ブレントとともに重要有名油種で、世界の原油価格の指標です
PER	株価収益率	株価が利益の何倍かを見る指標
TOB	株式公開買い付け	上場会社を丸ごと買いたいときにこれが出てきます
ESG	環境・社会・統治	上場企業の2番目の関心事です。1番は利益ですよね
AAA	最高信用格付け	一番つぶれそうもない国や機関や会社につきます
SPC	特定目的会社	商法上の会社ではありませんが、経済・金融ではときどき出てきます
M&A	企業買収	すでに日常の言葉になっていますね
RMB	中国人民元	英語で書くとこうなります。なんのこっちゃと言わないように
IoT	モノのインターネット	モノがインターネットに接続されることでデジタル社会が加速
SDGs	持続可能な開発目標	2030年までのエコ活動の国際目標
TPP	環太平洋パートナーシップ	経済連携を強めようとするパートナーシップ
WTO	世界貿易機関	自由貿易促進を主たる目的として創設された国際機関
XAI	説明可能なAI技術	AIはブラックボックスだから、説明のできるAIに
FCV	燃料電池自動車	一般に水素を燃料とし、車内で発電する究極のエコカー

見出しを書き写す

続いて、効率よく情報をインプットできるようになるトレーニングとして、「見出しを書き写す」方法をご紹介します。

見出しを書き写すことで、**記憶に定着させる効果が期待できます。**記事の続報を読んだときに、以前の記事の見出しが記憶によみがえってくるものです。

また、**見出しの書き写しを続けながら、同じネタの中に変化を感じるようになったら、大変な進歩です。**

たとえば、日産のゴーン事件は当初、有価証券報告書虚偽記載の罪でした。しかし、途中から特別背任の容疑に変わりましたね。

つまり、主役は同じで、罪が違う。こうい

日産ゴーン事件 くわしくは、106ページ。

有価証券報告書 株式公開企業は、事業年度ごとに提出する必要があります。EDINET(金融庁の電子開示システム)を利用することで、紙版はなくなりました。慶應義塾大学の図書館に、明治以降すべての有価証券報告書が保存されています。

うことに気づけば、さらなる勉強のチャンスです。

こんな気づきが得られるのが、見出しを写すことの利点です。


書き写しといっても、パソコンでの入力(Word、Excel)でかまいません。

もちろん、手書きでもOKです。まとめていくことが大切なのですから。

最初は、マーケット面までの太字の見出しを、ひたすら書き写していきます。

これを10日間から2週間、続けてみましょう。


では、具体例をご紹介しましょう。2019年3月20日付の朝刊の見出しを写してみました。

次のページは、マーケット面までの見出しだけをWordで打ったものです。

これをプリントアウトして、スクラップブックに貼りつけておきます。この作業は、毎日でなくてもかまいません。週末や月曜日だけでもOKです。

2019／３／20（水）朝刊

★　タクシー運賃事前に確定、国交省、乗客の不満解消、全国で解禁、年内にも

★　公示価格、４年連続上昇、ピークの４割まで回復

★　地価上昇、二極化進む、都市部・観光地に集中、地方住宅地、プラスに転換

★　スタートアップ転職、年収720万円超、上場企業平均を上回る

★　英離脱案、再採決見通せず、メイ首相、短期延期狂いも

★　重要法案、即位前に処理、祝賀ムード対決回避、与党、参院控え思惑も

★　訪日客５カ月連続増、２月3.6%プラス、伸びは鈍化

★　ＳＢＩＨＤ、個人間送金で子会社、アプリを提供

★　メインバンク、地銀４割に、企業数シェア、大手行は２割切る

★　独政府、５Ｇ入札を開始、ファーウェイ採否が焦点

★　テンセント、リストラ着手、中間管理職１割降格、ゲーム低迷で

★　ＬＩＸＩＬ、臨時総会提案、潮田氏退任、株主が要求

★　ボーイング事故、操縦士訓練２時間、機体制御、習熟不足か

★　すかいらーく、全面禁煙、９月から国内全店で、家族客を呼び込み

★　乃村工芸社が最高益、前期営業、１割増に上振れ

★　対ドル想定レート、平均108.3円、１～３月、主要94社

★　スクランブル：株主還元響かぬ相場、欠ける成長戦略、万年割安も

ＬＩＸＩＬ

住宅機器の大手で、潮田家のオーナー企業的色彩がありましたが、プロ経営者の招聘とその辞めさせ方から、大騒動に発展。創業家二代目の潮田洋一郎氏が、自ら採用したプロ経営者の瀬戸欣哉氏を解任。その後、株主総会で瀬戸氏がＣＥＯに再び選任されるなど、混乱が起きました。

興味関心の幅を広げることができる

このトレーニングには、もっと大きな意味があります。それは、**タイトルの書き写しに集中し、多くの話題に触れることで、自分の興味関心の幅を広げること**です。

たとえば、「公示価格」という言葉が出てきたとします。どこかで聞いたことがありませんか？

もしみなさんが将来、土地を買って家を建てようと考えているようなら、興味深い言葉ですよね。その場合は、この言葉だけでもよく調べてみましょう。

すると、不思議なことがわかってきます。土地の値段には4種類以上のものがあり、目的もそれぞれ違うということです。

今回発表された「公示価格」は、国土交通省が1月1日現在、約2万6000地点を調査した数値を3月20日に発表したものだということがわかり

公示価格
国交省が3月に発表する、1月1日現在の全国2万6千地点の地価。土地の価格には、基準地価、路線価、取引価格など、いくつかの値段があることを覚えておけばいいでしょう。たとえば、相続税の算定基準は路線価です。

ます。さらに国税庁は別途、33万地点の数値を、「相続税算定基準」として発表しています。

このように、過去にスルーしていた地価というものに、このような各種のものがあるということに気がつけばしめたものです。

もう1つ、タクシーの問題に気がついたとします。日本にはたくさんの岩盤規制があるとされていますが、タクシー業界もそれで守られているのかもしれません。

かつて、「白タク」は完全に違法行為でした。しかし、いま世界中で話題になっている「UBER」は、一言でいえば白タクです。

今後も、経済活性化や過疎地のインフラ維持のために、UBERの役割は大きくなりそうです。もちろん都会でも新旋風になるでしょう。しかし、わが国でUBERは、いまだ本格的なサービス開始の目処が立っていないのが現状なのです。

「白タク」
無許可で、自家用車を使ってタクシー営業をすること。

国民レベルでは、もう解禁してもいいのではないかと思っているかもしれませんが。

このように、**タイトルを書き写すだけで、そのような問題点にまで考えをめぐらせることができます。**

すべての見出しに、何かイメージがわくようになればしめたものです。

ちょっと差がつくコツ 5

「50年前の新聞」を読んでみる

ここでは、基本を身につけた方を対象に、まわりとちょっと差がつくコツをお話ししましょう。

それは、**「50年前の新聞を読んでみる」**という方法です。

事実はすべて新聞に書いてあります。**過去と現在を結んだ延長線上にある、ちょっと先の未来を予想する練習になります。**

化石、タイムカプセル、記録映画など、昔のことがわかるものは、人気があります。昨年の街の写真を見ても変化はあまりわかりませんが、20年くらいさかのぼると、人々の着ているものや持ち物で、その変化を知ることができます。

30年までさかのぼると、現在隆盛を極めるスマートフォンや携帯電話は存在しません。

社会の変化を定点観測するのに一番正確で手頃なのが、古い新聞です。引っ越しのときに、家具の下に引いていた古新聞を見つけて読みはじめるのが、かつては定番の風景でした。

昨今は新聞を家庭で取らなくなったので、家庭のタイムカプセルの楽しみがなくなってしまったかもしれません。

しかし、図書館には、新聞の縮刷版やマイクロフィルムといって、現物を小さな写真フィルムに収めたものが揃っています。ときどき古い新聞を、少し時間をかけて読むと、自分の時間感覚が形成されるものです。

みなさんは20歳代から30歳代でしょうか。今から50年後は不確実ですが、過去50年間の出来事は確実に新聞を通して見ることができます。

当時流行っていた商品や食べ物が、現在は存在しないことを知り、愕然とす

スマートフォン
新機軸の商品やアイデアを「スマート」と呼ぶ傾向がありますが、その呼び名として最も定着したのがスマートフォンでしょう。

るかもしれません。
あるいは、日本の金融界の頂点にいた日本興業銀行の「ワリコー」（割引金融債という個人向け金融商品）の広告を発見し、理解に苦しむことでしょう。
昨今、「今後消えてなくなる職業」という話題が人気ですが、50年前や30年前の新聞を開くと、その延長線上に今後の社会が見えてくるはずです。

過去にこんな体験がありました。ベルギーのブリュッセルに、１００年前に開店したムール貝料理で有名なレストランがあります。その店の壁には、開店当時のメニューと値段が書いてあります。
西暦２０００年まではベルギーフランが流通していたので、食事をしながら隔世の感を味わうことができました。残念ながら、通貨ユーロが導入されたため、継続性が途切れてしまいましたが。

このように、過去を探るには情報の化石が一番です。さっそく図書館に出向いて、**「日経テレコン21」や新聞の縮刷版を見る訓練をしてみましょう。**

日本興業銀行
戦後日本の産業・金融や企業再編の舵を取っていた、別格の大銀行。無記名の割引債券（ワリコー）や利付金融債を証券会社が販売することで、預金集めが事実上不要だったため、エリート学生がこぞって就職した時代が続きました。「銀のスプーンをくわえた銀行員」といわれましたが、構造変化やいくつかの事件でつまずき、富士銀行と第一勧業銀行とともに、現在のみずほフィナンシャルグループになりました。

普通、大きめの図書館の端末なら、日経テレコン21にアクセスできるはずです。1980年代からの日経新聞が瞬時に出てきます。検索機能も充実しているので、この本を読み終わった頃には使いたくなるはずです（企業の最新データなど、1件でランチ代くらいするようですが）。

たとえば、ヤマト運輸の宅急便が始まった日や、日本における初めてのコンビニが開店した日、さらに古く東海道新幹線の開業の日にどんな記事が出ていたか読むのも興味深いでしょう。すべて、日経テレコン21や縮刷版で探せます。

ここまで隆盛を極めるであろうという予測があったのか、単に事実ベースだけの記事だったのか、探ってみましょう。

その過程で、ポケベルや携帯電話、パソコン、プリントごっこ、プリクラなどの一過性であったものや、いつの間にか登場し、日々それがなければ日も暮れないものなどを偶然確認することになります。

この作業をときどき行うと、流行り廃りを見極める目も養われるのです。

ベルギーフラン
通貨ユーロの登場で最初に消えたベルギーの通貨。となりのルクセンブルクには中央銀行が存在しないため、ベルギーフランとルクセンブルクフランを同価値通貨として流通させていました。ベルギーフラン札はルクセンブルクでも流通していましたが、逆に同価値のルクセンブルクフラン札はベルギー国内では不流通でした。なお、ベルギー中央銀行をモデルにして日銀ができたといわれています。

「日経テレコン21」
くわしくは、42ページ。

Column

「私の履歴書」30日分をノートに貼る

「私の履歴書」は、あらためて説明する必要がないくらい、有名なコラムですね。

2019年4月は、三井住友フィナンシャルグループ名誉顧問の奥正之氏の履歴書でした。

財界人の多くは、「私の履歴書」を必ず読んでいます。これを書くような大物は、同じコミュニティの共通の知人がたくさんいます。「私の履歴書」に話題として登場したり、武勇伝が語られたりすることも少なくありません。

そんな場合は、ご本人に近い人と会った場合、「出てましたね」が挨拶代わりになります。

私は、経団連の加盟企業のトップと食事をする機会が立場上、何年も続きましたが、「私の履歴書」をよく読んでおけば、「出ていましたね」で話が紡げることが何度もありました。

この「私の履歴書」は、以前は2週間の連載でしたが、現在は1か月通しで掲載され、30回で完結することになったようです。

ということは、この名誉ある「私の履歴書」には、年間12名しか枠がないことになります。それだけ、「超」がつく有名人が登場することになります。

外国人では、サッチャー元首相や、グリーンスパンFRB元議長が登場したことがあります。サッチャー元首相のは、かなり刺激的な内容でした。

1981年にフォークランド島をめぐって本格的戦争になったとき、その判断に際して「この部屋にいる男は、私一人のようね」と言ったそうですし、アルゼンチン海軍の艦船に対して「Sink them.（みんな沈めろ）」と言ったそうです。

外国の方の履歴書は、はじけたものがときどきあって面白いです。

とはいえ、創業のオーナー社長が波乱万丈の人生を語ってくれる回の面白さは、ほかに類を見ません。

近年では、ジャパネットたかたの高田明氏や、ニトリの似鳥昭雄氏の回が好評だったようです。

トリビアのような話ですが、「私の履歴書」に二度登場したのが、松下電器（現パナソニック）の創業者、松下幸之助氏だそうです。

一方で、闘病中の掲載となり、途中で亡くなられたのが、東急グループの総帥、五島昇氏でした。

この「私の履歴書」を30日分切り取って貼っていくと非常に勉強になります。**素晴らしい経営者であれば、珠玉の言葉がちりばめられているはず**です。

全員の分を切り取ってノートをつくる必要はありませんが、普段から気になる経営者や著名人がここに登場したら、ぜひ新しいスクラップブックを準備しましょう。

その方が成功に至った要因を語っていたら、躊躇なく赤ペンの登場です。

ともかく、生身の人間の言葉の塊ですから、いろいろ示唆に富んでいることは間違いありません。

第4章 上級編

情報をより生きた知識にするために「アウトプット」する技術

いよいよ、「アウトプット編」です。この本の中で最も重要なパートと言っていいかもしれません。

ここまで、日経新聞の膨大な情報の中から、特に重要なものを選んでインプットする方法、さらに効率よく記事が読めるようになるコツを披露してきました。

ただ、インプットができたとしても、それだけで終わってしまうと、何も変わりません。**日経新聞を読んで得た情報は、「アウトプット」という形で外に発信していくことで、より生きた知識となります。**

「アウトプット」には、「外に向かって発信する」という意味と、「生産物」という2つの意味があります。

ここでは、両方の意味での「アウトプット」の方法をご紹介していきます。

知識定着の最短コースは、「人に説明する」こと！

証券会社などの金融業界に就職した友人が、会社に入った後に成長していて驚いた、という経験をした方がいるかもしれません。

それは、彼らが特に優秀というわけではなく、毎日のようにニュースを読み、それについて語ることを繰り返しているからです。

相手にわかるように説明できないと、それは自分もわかっていないということになります。

ですから、**「人に説明する」ということは、アウトプットの王道といえます。**

何でもいいので、誰か話を聞いてくれる人を探して、聞いてもらいましょう。

あなたが日経新聞で見つけた「小ネタ」でも、エポックメイキングな記事の要約でもいいのです。

できれば、やや緊張する人物に語ってみましょう。たとえば、会社の先輩から始めてみてはいかがでしょうか。

根拠はすべて日経新聞の中に書いてあるのですから、ぜひ自信を持って話してみてください。

アウトプットのためのトレーニング──1

気になった記事を「要約」する

いきなりアウトプットしてみるのは、ハードルが高いと思います。そこで、具体的なアウトプット術をご紹介する前に、アウトプットの基礎力を上げるトレーニング法についてお話ししておきましょう。

それは、**「気になった記事を要約する」**という方法です。

要約することのメリットは、まず、**長くて散漫な情報を、短く理路整然とした形で伝えることの練習になる**ということが1つ。

また、**要約してみて初めて、自分がその内容を理解できているかどうかがわかる**という効果もあります。

ある日の日経新聞に面白い記事が出ていました。

これまで消費が伸びないなかでも、コンビニとネット通販は堅調でした。しかし、向かうところ敵なしのコンビニ業界に暗雲が立ち込めるというような話です。

この話が出たあと、コンビニ業界はいろいろな困難に直面しています。攻めていたコンビニ業界が守りに入らなければならない状況になっているのかもしれません。

では、その「ドラッグ店　際立つ成長」（2018年3月15日付）という記事を見てみましょう。

たとえば、この記事を要約すると、160ページのようになります。

ドラッグストアの成長が続いている。2017年度の売上高は6兆8504億円となる見込みで、2年連続で百貨店を上回った。売上高が前年度比5・5%増になるなど、成長率はコンビニエンスストアなどよりも高い。粗利率の高い医薬品や化粧品で収益を確保し、日用品などを安値で販売するモデルが成長の原動力だ。今後はネット通販との競合や他業態の追い上げをどうかわすかが焦点になる。

ドラッグ店 際立つ成長

17年度5.5%増収、コンビニしのぐ

食品販売、集客の目玉に

おにぎりや弁当を販売するドラッグストアもある（ウエルシア神田小川町店）

ドラッグストア「ゲンキー」を展開する福井地盤のGenky DrugStoresは肉や野菜、果物を取り扱う店舗を現在の約90店から18年12月までに全店に相当する約210店に広げる。生鮮品を取り扱い始めると店舗の1月あたりの売上高が25%増えるなど、成長が見込めると判断した。

日本チェーンドラッグストア協会（横浜市）の調査によると、17年度のドラッグストア全店売上高は17年連続のプラス成長となる見込み。特に食品の売上高が1兆5500億円で前年度比8・5%増と大きく伸びた。

食品は各社が成長分野とみて取り扱いを増やしている。九州地盤のコスモス薬品では既に、食品の売り上げの構成比率が約56%に達している。

ウエルシアホールディングス（HD）は、従来コンビニの業務領域だった公共料金などの支払いを受け付ける収納代行サービスを全店で始める方針。弁当・総菜を販売する店舗も増やしており、早期に現状の約4倍にあたる600店規模に拡大する。24時間営業の店舗も19年度末までに現状の3倍超の400店に増やす。

ドラッグストアは粗利率の高い医薬品や化粧品で収益を確保し、日用品などを安値で販売するモデルで成長してきた。ただ、ロスの多い食品を取り扱うと粗利率が悪化する懸念もある。

市場が成熟してくれば同業間で業態が同質化する恐れもあり、クリエイトSDホールディングスの広瀬泰三社長は「以前は食品の取り扱いが特徴になったが、今はどこでもやっている」と話す。

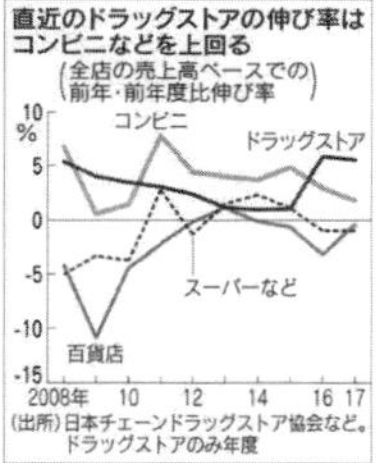

（出所）日本チェーンドラッグストア協会など。ドラッグストアのみ年度

医薬品は登録販売者といった資格者でないと販売できなかったが、その壁を越えようとする取り組みも増えている。ローソンは従業員の登録販売者の試験対策を支援し、21年度末までに医薬品を扱う店舗を5倍の900店に増やす。

14年には一般用医薬品（大衆薬）のインターネット通販が解禁になり、今後はネット通販との競争激化も予想される。マツモトキヨシホールディングス（HD）はドラッグストアが強みとする分野を強化することで、異業種との差異化を試みる。健康・美容関連のサービスを強化した新型店「マツキヨラボ」の出店を進めており、現在の約10店舗から早期に50店に広げる計画を掲げている。

出典：日本経済新聞 2018 年 3 月 15 日付朝刊

1974年から右肩上がりで売上、店舗数、利益を確保してきたコンビニに思わぬ伏兵か。

コンビニは年商およそ10兆円。ネット通販、GMS（スーパー）、百貨店などとともに、小売業の四大チャネルの1つだったのが、7兆円規模となる新しいチャネルが登場。

このドラッグストアの売上が拡大して、とうとう落ち目となっている百貨店の年間売上を定常的に上回りはじめた。

利益率の高い薬品や化粧品で収益を確保し、日用品を安売りして集客する戦略が当たったようだ。さらに大手のウェルシアでは、全店で公共料金の収納代行も始めた。

心配な点としては、2014年に始まった一般医薬品のネット通販解禁。こちらでの競争がどうなるかに注目したい。

これは、一枚の新聞記事の情報をまとめたものですが、かなり示唆に富んでいます。

このように、気になった記事を簡単にまとめる練習をしてみましょう。要点をわかりやすく話すトレーニングにもなります。

上級者は、さらに次のような疑問を持ちます。

・「ドラッグストアの急成長」には、アジアからの旅行者による爆買いの影響はあるのか。
・好調に見える、病院脇の調剤薬局との関係はどうなのか。

このような疑問が出てくるようになれば本物です。ぜひ、答えも合わせてアウトプットしてみてください。

おすすめアウトプット術① 2

「私のトップ3ニュース」をつくる

では、ここからは私がおすすめする「アウトプット術」をご紹介していきましょう。

1面に載っているニュースのことを「トップニュース」といいます。それらは、読者の大多数が興味を持つであろうニュースや、世界的に重要なニュースであるから、1面に載っています。

先日、NHK7時のニュースで、トップニュースが「嵐」の解散に関するものだったそうです。

報道としてはいかがなものかという議論が出たようですが、テレビのニュースを見る人の中心層にとって「嵐」解散が最も重要イベントだと、NHKは考えたのでしょう。

ところで、みなさんも、新聞を読んで「へー」という感嘆詞を発することがあると思います。

そこで、今日、新聞を読んで驚いたこと・感心したこと・感動したことなどを3つ選んで、**「私のトップ3ニュース」をつくってみましょう。**

はじめは何でもかまいませんが、ほかの人が見落とすような「へー」があればなおいいでしょう。

アウトプットすることで、確実に自分の血肉となる

なぜわざわざ、こんな一見意味のなさそうなことをおすすめするのでしょうか。

まず、**この3つの話を誰彼なく語っているうちに、自分の頭の中が整理されていく**からです。これこそが、アウトプットの利点です。

そして、「私のトップ3ニュース」を継続することで、**その情報が確実に自分の血肉になる**からです。


旬の期間は1週間から10日くらいでしょうか。それを過ぎたら、また自分なりにネタを探す必要があります。こんなことを繰り返すうちに、「あの人は物知り、早耳だ」などと評判が立ってくればしめたものです。

ただし、NHKの7時のニュースに登場するようなものではいけません。**人々にあまり知られていなくて、語ったときに「へー」がある、**を基準としてください。


参考までに、先日つくった「私のトップ3ニュース」を載せておきます。すべて同日に、日経新聞に載っていたものから選びました。

私のトップニュース第1位にしたのは、「出入国在留管理庁の創設」。これはとても新鮮でした。第2位は「パイオニアの上場廃止」、第3位は「債券の逆イールドカーブ」を選びました。

この3つのニュースは、気がつかない人も多いような扱いの記事でしたが、それぞれに大きな意味を持ち、ストーリーを話せると思ったので、自分のトップ3ニュースとしました。

① 出入国在留管理庁の創設

出入国在留管理庁ができたことを知っている人は少ないかもしれません。その存在だけでなく、その背景も知る必要があります。

海外旅行に出かけるときにパスポートにスタンプを押してくれるのが入国管理局だとの知識はあるでしょう。しかし、新しい組織になったことは知らない。そこで、ランチタイムなどで、「入管が変わったのをご存じですか?」と聞けば反応があると踏みました。

今後、外国人の来訪者がさらに増加し、**外国人労働者も5年かけて34万人程度の受け入れが予定されています。**その対策で局から庁に格上げになったのだと思われます。

というわけで、私の3大ニュースを問われれば、まずこれです。

②パイオニアの上場廃止

パイオニアの上場廃止も印象深いものです。今から40年ほど前までは、ソニーかパイオニアかといわれた株式市場のスターでした。それが上場廃止となってしまったのです。もう株を買いたくても市場では買えません。

では、なぜこの優良会社がこんなことになったのでしょうか？　大きな岐路はプラズマディスプレイにのめり込み、大型液晶画面の登場を読み切れなかったことでしょう。

若年層にはなじみが薄くなった会社ですが、ベビーブーマー世代にはパイオ

パイオニア
ソニーに続く音響製品の雄でした。株価も高く商品も魅力的でしたが、液晶の時代にプラズマディスプレイに社運を賭けたため、結果として今回上場廃止となってしまいました。大型画面の競争でパイオニアに勝利したシャープも、転落の道を歩んでしまいました。

ニアの上場廃止は、話が紡げるネタなのではないでしょうか。

③ 債券の逆イールドカーブ

「逆イールド」の話はやや専門的ですが、原理は簡単なのでここで覚えてしまいましょう。

利回りのことを「イールド」といいます。イールドとは、もともとは「生む」という意味です。

たとえば、「明日返すのでお金を貸してほしい」と言えば、金利も取らずに貸してもらえるでしょう。逆に、「10年後に返す」と言えば、金利を取られます。この金利のことを「イールド」というのです。

10年間、お金を一定の金利で借りた場合は、1年目も2年目もその金利が支払われます。30年間借りると、より高い金利を取られます。この借り入れの年

「逆イールド」
金利は短期に比べて、長期が高いのが一般的。しかし、時として長短金利の逆転が起こることを「逆イールド」と呼びます。逆イールドは、その後に起こる大きな金融危機を暗示しているという説があります。

限ごとの金利の高さをつないだものを「イールドカーブ」と呼んでいます。

普通は、右肩上がりで上昇していくのが道理ですね。しかし、今回騒ぎになっているのは、右肩下がりなのです。長く借りると金利が低くなるのです。

この「逆イールドカーブ」はまれに起きますが、実は**景気の後退や不況を予見するもの**とされています。

もし、今回のこの逆イールドカーブが本格的なものであれば、いよいよ世界はリーマンショック以来のまずいことになるかもしれません。

米国が逆イールドを正常化するのに、短期金利を下げれば、ドル安になります。ドル安ということは、現状円高という意味です。

日本も同時に金利を下げれば円高は防げますが、日本には金利の引き下げ余地がすでにありません。さあ、どうなるのでしょう。

おすすめアウトプット術②

3

ブログを開設し、毎週更新する

2点目は、目の前の人ではなく、不特定多数の人に対してアウトプットする方法です。**ブログを開設し、毎週、経済に関する記事を更新する**ことです。

古くから付き合いのある友人たちの中で、情報発信を積極的にしている人が何人もいました。

最も印象に残っているのは、「フィナンシャルタイムズ」を毎日読んで、記事をまとめてコメントをつけて、同僚に送ってくれていた青年です。頭の下がる思いでした。

彼の場合、外国で生まれたので、英語は得意だったと思いますが、毎日これをやるのはなかなかできないことでしょう。

彼はみんなから感謝されていましたが、よく考えれば、一番に自分のためになったのだろうと、今では考えています。

また、電子版のない時代に日経新聞を同じように早く読んで、すべて簡潔に英語でまとめ直して世界中の仲間に発信していた同僚もいました。

何がすごいかといえば、彼らと会うと話が具体的で、数字がどんどん出てきて、何でも説得されてしまうのです。

やはり、日経新聞を読み込み、そして何らかの形で発信することを一定期間続けると、力がついてくるということなのでしょう。

最初は、みなさんがブログで情報発信をしても反応はそれほどないかもしれません。それでも、個性的にまとめ直して発信を続ければ、日経新聞の読み手としての力もかなりついてくるはずです。

先日、マンション販売会社からダイレクトメールが届きました。その中に、世界経済と日本経済の予想が載っていました。

しかし、どこからか書き写したものではなく、営業所長さんが作ったほほえましい内容でした。逆に、こういうものの方が好感が持てます。

上場企業の株主向けの小冊子などには、景気予想のようなパートが必ずあります。出入りの信託銀行が提供するのでしょうが、それよりも日経新聞を読み込み、自力でメッセージが出せるのを目指すのもよいのではないでしょうか。

これからの不透明な時代、自分の頭で先を予測できる力が求められています。

あなたも、ここまでの努力で、あたかも視力が回復したかのように世の中がよくわかるようになっているはずです。

究極のアウトプット術 4

休刊日に「ニュースレター」をつくる

新聞には、ときどき休刊日があります。そんな日の駅の売店や、コンビニの新聞棚を見たことがあるでしょう。一部のスポーツ新聞が、わが物顔で場所を占領しています。

日経新聞は、3月と9月の2か月については、朝刊は毎日発行されます。逆にいうと、年間10回は新聞のない朝を迎えることになります。その日は、ほかの全国紙もお休みです(何も同じ日を休刊日にする必要はないと思いますが……)。

というわけで、究極のアウトプット法です。

休刊日に自分で日経新聞をつくるのです。

もちろん、新聞を丸ごとつくるというわけ

ではなく、A4一枚の**「ニュースレター」**のようなものと考えてください。小一時間でできるものです。

ニュースレターができたら、プリントアウトして、同僚や取引先の方に配ってみると感謝されるのではないでしょうか。

ニュースレターには、実はテンプレートがあります。テンプレートとは、そこに最新の情報をはめ込んでいけば、必ず形になるというものです。特にコツはいりません。

こっそり言いますが、証券会社などから送られてくるニュースレターのようなものは、こうしてつくられているのです。

テンプレートにあるそれぞれのテーマについて、数行ずつまとめていけば、あなたの新聞（ニュースレター）ができ上がります。

日本のパートは不要ですね。日本に関する話は、街中にあふれていますから。

それでは、ニュースレターのテンプレートと、私がつくったサンプルをお見

テンプレート
「ひな型」と訳していいでしょう。ここに内容をはめ込むことで、かなり仕事がはかどります。一応見栄えのいいものができるので本当に便利ですが、いつまでもこれに頼らないようにしましょう。

I　米国関係
1.　政治状況
2.　経済状況
3.　社会問題
4.　外交問題
II　英国と欧州関係
1.　英国関係
III　中国関係
1.　政治状況
2.　経済状況
IV　デジタル関連
1.　AIの話題
2.　仮想通貨の話題
V　EV（電気自動車）関連
1.　電気自動車の話題
VI　金融市場
1.　世界の金融市場の話題

ニュースレターのテンプレート（例）

せしましょう。これを読んでいただければ、それぞれの項目について簡単な知識も得られるはずです。

私家版新聞　２０１９年７月号

Ⅰ 米国関係

1. トランプ・アピール

２０１８年に中間選挙が終わり、20年の大統領選挙に向けて動きはじめました。現職のトランプ大統領は2期を目指すと言っています。

これからは、トランプさんの発言や行動の裏を読めば、すべて2期目当選のためと考えられます。イラン問題での発言、突然の米朝板門店会談などです。

2. 好景気が史上最長に

米国の好景気が史上最長となっています。いつ調整に入ってもおかしくない状態です。先日は、長期金利と短期金利の逆転が起こり、調整の開始かと思われましたが、どうにか回復しています。

さらに、ＦＲＢはインフレがないことを確認して、金利の引き下げを示唆しています。すると、もう少し景気が長持ちする可能性が出てきました。大統領任期３年目のジンクスが今回も当てはまりそうです。

3. アメリカ社会の影

移民の国・米国で、南米からの移民排除の動きでトランプは当選しました。また、合法的〝麻薬〟のオピオイドの中毒患者が４百万人ともいわれ、年間数万人が命を落としています。

それが原因で犯罪に走った人が、２百万人も刑務所にいます。起業し、大成功した人がたくさんいる裏側には、影の世界があるのです。

4. 外交問題の次の一手は？

トランプ政権になって温暖化に対する興味が薄れ、またシェールガスなどの開発が進み、エネルギー安保の考えが希薄化。中東の重要性が低下しています。また、日米安保や朝鮮半島での軍事プレゼンスにも折に触れ、見直し発言が出ています。

II 英国と欧州関係

1. どうなる英国ＥＵ離脱問題

英国のＥＵ離脱は、新首相ＢＯ・ＪＯ（ボリス・ジョンソン）のもと混迷を深め、光が見えない状態です。欧州は、中心であるドイツだけではなく、フランス国債にもマイナス金利が登場し、先進国の〝日本化〟が進んでいます。

また、欧州議会選挙が行われ、一応ポピュリズムとは一線を画すことができましたが、ＥＵレベルでは新体制移行とドイツのメルケル首相のレームダック化で今後の動きから目が離せない状態です。

もう一方の中心フランスは、〝黄色いベスト運動〟が下火となり、マクロンの指導力が少し回復しているのが支えでしょう。

Ⅲ 中国関係

1．こじれる犯罪者引き渡し協定問題

一国二制度の香港との関係が、犯罪者引き渡し協定の問題から大きくこじれはじめています。すでに習近平体制が終身制となっているなかで、むしろ一党独裁と資本主義の親和性にひびが入りはじめている可能性もあります。最後まで力で押さえられるか、一帯一路が推進できるか、予断が許されない状態といえます。

2．中国の今後を占う〝華為〟

つねに非効率な国営企業の問題と、新しく登場した〝華為〟（ファーウェイ）問題は、底流に流れる成長鈍化と少子高齢化とは別に大きな影となっています。5Gの主役〝華為〟が、どこまで世界中でポジションを維持で

きるか注目されます。

Ⅳ デジタル関連

1. 「説明可能なＡＩ」

ＡＩとロボットの連携はいいことばかりではないでしょう。ブラックボックスを持った知能犯に対しては、打つ手がありません。そこで、「説明可能なＡＩ」という言葉が重要性を持ちそうです。

2. "リブラ"を知っていますか？

あれほど騒がれて急騰したビットコインが40万円を割り、高値の２割程度まで下げていましたが、このところ１２０万円になるなど、息を吹き返しています。

世界の国々がそれぞれガラパゴス化に戻りつつあるなか、ボーダーレスで使える、自由な資産に対する魅力が見直されたのでしょう。金の価格も上昇しています。

"リブラ"
フェイスブックが開発した仮想通貨。

その一方で、フェイスブックが目論んでいるデジタル通貨〝リブラ〟に対しては、各国で対応を迫られています。来年2020年、27億人が利用しはじめるとどんなことになるでしょうか。

V　EV（電気自動車）関連

1．「テスラ」の動向に注目

電気自動車に関しては毎日数々のニュースが出ますが、注目度一番はテスラの動向です。7月になって発表された、今年4～6月の販売台数はほぼ10万台で、四半期では過去最高です。

しかし、このペースでも年間40万台ですから、大手のトヨタ、VWなど、1000万台も自動車を生産しているところと比較すれば、まだ微々たるものというべきでしょうか、それともEVの隆盛ののろしととらえるべきでしょうか。

「テスラ」
くわしくは、95ページ。

VI 金融市場

1. 米国株は史上最高値に

先進国市場では、米国の金利引き下げの話題で、各国、大調整前の最後のラリーがあるのでしょうか。

米国株は史上最高値となっていますが、企業業績は心もとないので、心配は尽きません。すでに米国に同調して金利低下の手段のない円は上昇してしまうのかなどが話題となるでしょう。

このように、自分で世界の状態をスケッチできるようになればしめたものですね。同様な手順で、来月も一枚、ニュースレターをつくってみましょう。

年に10回これをつくると、めきめきと力がついていきます。私が保証します。

Column

書評欄は侮れない

今から50年ほど前は、年間4000冊の新刊書が出たそうですが、現在はその倍の8000冊の本が出版されているようです。すべて新刊です。

本が売れる時代でも売れない時代でも関係なく、ビジネスマンは良い本を読む必要があります。しかし、そんなにたくさんの本の中から良い本を探し出すのは、正直、至難の業でしょう。

そこで役に立つのが、信頼できる書評欄と新刊書ランキングです。

その中でも**最高のガイドは、日経新聞土曜版にある書評コーナー**といえるでしょう。毎週、3ページにわたって載っています。

毎週、「今を読み解く」や「経済論壇から」などと、タイムリーなお題について、新刊書や雑誌を取り上げながらすすめる論考が出ています。著名人かつ読書家とされる人が、自らの愛蔵書を披瀝することもあります。

また、別ページでは、「半歩遅れの読書術」として旧書までカバーしていますから、これだけをきちんとフォローすれば十分でしょう。

週替わりに掲載されるランキングも、書店はばらばらで、ジャンルもばらばらですから、きわめて信頼に足るものになっています。

たまに新聞広告で、「有名書店XXでベストセラーランキング1位!」と謳《うた》っているものがありますね。ちょっと見ると良さそうな本だから、アマゾンで注文するかとなりますが、ちょっと待ってください。

人気ドーナツ店がアルバイトに行列をつくらせていたというケースもあるようですが、実はその有名書店でも、仲間うちで集中的に買い込んで、ランキング1位をとるようなことも、なかにはあるようです。

あるいは、雑誌などの書評欄で、必ずしも良い本ではなくても「おつき合い」で推薦されるケースもあるそうですが、**日経新聞は経験的に見て公平です。**

それでも選べないという人には、土曜版の**「リーダーの書棚」**というコーナーがおすすめです。

みなさんが注目している著名人が「リーダーの書棚」に出ていたら、そこで紹介されている本から読んでみてはどうでしょうか。このコーナーは隔週に登場するはずです。

個人的で癖のあるチョイスもあるかもしれませんが、実際に読んでみると後悔することはほぼありません。

参考までに、私のおすすめ本も6冊紹介しておきましょう。多くの分野からセレクトしてみました。どの本も長く読み継がれているものです。

最近、学生にこれだけは読むようにと、ナイキの創業者、フィル・ナイトの**『SHOE DOG』**（東洋経済新報社、2017年）を推薦しました。

何人かの学生は、この1冊だけで読書ファンになったようです。この先数年は読まれ続けるであろう好著だと思います。

01 知性への入門書 **外山滋比古『思考の整理学』**ちくま文庫、1986年 生涯有効な知の技法満載の書。ビジネスマンとして少なくとも一読はしてほしいが、できれば何度も読んでほしい。
02 2000年近く前から私たちに送るメッセージ **マルクス・アウレーリウス・著、神谷美恵子・訳『自省録』**岩波書店、1956年 すべての言葉が示唆に富み、勇気と力がこんこんと湧き出てくる。
03　日本の立ち位置を再確認 **朝河貫一『日本の禍機』**講談社、1987年 朝河貫一の活動で、日本は日露戦争を勝利で終わることができたともいえる。ペンの力を教える名著。
04　国家戦略とは何かを知る **岡崎久彦『戦略的思考とは何か』**中公新書、1983年 陸奥宗光の子孫で元外交官の名戦略論。今こそ必要な日本の国家戦略を示唆する古典的著作。著者は明治期に不平等条約を解消した外務大臣・陸奥宗光の子孫であることを知ることで、著者の議論に対する興味を増すことであろう。
05　3・11後の東電迷走を予見していたかのような田原節 **田原総一朗『ドキュメント東京電力』**文春文庫、2011年 初版は1980年。原発事故後に新装版として出たが、東京電力の問題点をすでに投影している。きわめて興味深い作品。
06 三島の作品の最高峰 **三島由紀夫『春の雪』**新潮文庫、1969年 連作の始まりであるが、ここにすべてが凝縮している。これでノーベル賞を狙っていたと想像するが、存命であればどんな作品が連なったのか想像しても面白い。

私のおすすめ本6冊

今は、大学生の半分が年間1冊も本を読まない時代なのだそうです。
逆にいえば、**年間に数冊本を読むだけで、群れから抜け出すことができるのです。**

おわりに

事実はすべて新聞の中にある

新聞が売れないそうです。読む人も高齢者が多いといわれています。物事は表裏一体ですが、新聞を読まない若年者が多いとすれば、そこに大きなヒントが隠されているのではないでしょうか。

種明かしはあとにしますが、面白いエピソードがあります。

新聞販売店が町々にありますね。かつては3000部の新聞が早朝に本社から届いたそうです。

しかし、昨今部数が各社減少しているようで、その販売店では実売が1500部を割っていたとのことです。そこで、早朝に届いた新聞をいつもどおり配ったあと、残部をそのままにしておいたところ、翌日間違ってその新聞を配達してしまい、当日の新聞は本社から届いたままの状態になっていたそうです。

話はそれで終わらず、昼間はテレビ番組が毎日同じような内容なので誰も気がつかず、夕食時になって、やっと前日の新聞だとわかったとのことです。

このように、新聞は取っているものの読む人が老齢化し、なおかつ、テレビ番組を見る方がメインになっているとすれば悲しいことですね。

新聞社、特に全国紙は数千人の記者が張りついて取材し、記事を書いています。元来、知識と知性の塊が日刊紙なのですが、残念ながら国民経済的に見て正しく利用されておらず、地位が低下する傾向にあるのです。

「ペンは剣よりも強い」といわれながら、どうも現代の日本では、宝の持ち腐れ的状態といえるのではないでしょうか。

この本は、比較的若い人に向けたメッセージですので、どうか新聞の重要さを認識し、読みこなすことで、社会の動きをしっかり見張るすべを維持してほしいと願っています。

本書では、日経新聞の扱い方をつぶさに伝授することに努めましたが、将来機会があれば、**ほかにもう一紙目を通す習慣をつけましょう。**二紙読めばさらに安心です。

私の先輩たちは、新聞は二紙読んでいました。みなさんはネットで取り入れる情報が多いので、そのほかに何紙も読めないという事情もあるでしょうが、当面、日経新聞をマスターし、その余力ができた段階で、もう一紙に挑戦することを強くおすすめします。

名前は出しませんが、ある有名なコメディアンは全国紙をすべて持って、トイレに入るのだそうです。コメディのネタは、すべて新聞に書いてあるという話でした。

同じように、経済・社会の問題についても、あらゆるヒントが新聞にあると言ってよいでしょう。

ただし、読み方を工夫しなければ網にかかってきません。どうか、世間の流れに逆らって新聞に食らいついてみようではありませんか。

ここまで来たからには、みなさんは持続さえすれば勝ち組になれます。

上位3％を目指そう！

ある研究所の調査によると、5000万余の日本の総世帯で、純金融資産1億円以上の世帯は150万世帯程度だそうです。

その一方で、生活保護世帯数は170万世帯程度のようです。

少し色合いが違いますが、現在日本で労働許可証を保有する外国人は130万人程度。今後5年間で34万人ほど増やすということで、法律が通ったのは記憶に新しいと思います。

これらの数値は、世帯数でいうと、それぞれ全世帯の3％ということになります。

ちなみに、日経新聞の発行部数の総数は250万部程度ですが、配達される家庭数でいうと、やはり全世帯の3％程度となります。

日経新聞をよく読んだことで、純金融資産が1億円を超えたという因果関係は不明ですが、知識と富の関係は切り離せないものなのは確かです。

ここまで読み進んだということは、あなたも有資格者です。あとは、愚直に前に進むだけです。

もっと言うと、日経新聞を含めて**新聞をみんなが読まなくなった今こそ、チャンスなのです。**日経新聞を徹底的に自分のものにしてください。あなたのこれからの人生に大きく貢献すること請け合いです。

日経新聞を「読む技術」「活用する技術」

発行日
二〇一九年　八月三〇日　第一刷

Author　山本博幸
Illustrator　髙柳浩太郎
Book Designer　三森健太(JUNGLE)

Publication
株式会社
ディスカヴァー・トゥエンティワン
〒一〇二-〇〇九三
東京都千代田区平河町二-一六-一
平河町森タワー十一階
TEL〇三-三二三七-八三二一(代表)
〇三-三二三七-八三四五(営業)
FAX〇三-三二三七-八三二三
http://www.d21.co.jp

Publisher　千場弓子
Editor　三谷祐一

Marketing Group
Staff　清水達也　飯田智樹　佐藤昌幸　谷口奈緒美　蛯原昇　安永智洋　古矢薫　鍋田匠伴　佐竹祐哉　梅本翔太　榊原僚　廣内悠理　橋本莉奈　川島理　庄司知世　小木曽礼丈　越野志絵良　佐々木玲奈　高橋雛乃　佐藤淳基　志摩晃司　井上竜之介　小山怜那　斎藤悠人　三角真穂　宮田有利子

Productive Group
Staff　藤田浩芳　千葉正幸　原典宏　林秀樹　大山聡子　大竹朝子　堀部直人　林拓馬　松石悠　木下智尋　渡辺基志　安永姫菜　谷中卓　岩﨑麻衣

Digital Group
Staff　伊東佑真　岡本典子　三輪真也　西川なつか　高良彰子　牧野類　倉田華　伊藤光太郎　阿奈美佳　早水真吾　榎本貴子　中澤泰宏

Global & Public Relations Group
Staff　郭迪　田中亜紀　杉田彰子　奥田千晶　連苑如　施華琴　佐藤サラ圭

Operations & Management & Accounting Group
Staff　小関勝則　松原史与志　山中麻吏　小田孝文　福永友紀　井筒浩　小田木もも　池田望　福田章平　石光まゆ子

Assistant Staff
俵敬子　町田加奈子　丸山香織　井澤徳子　藤井多穂子　藤井かおり　葛目美枝子　伊藤香　鈴木洋子　石橋佐知子　伊藤由美　畑野衣見　宮崎陽子　並木楓　倉次みのり

Proofreader　文字工房燦光
DTP　株式会社RUHIA
Printing　日経印刷株式会社

ISBN978-4-7993-2547-6